Conciencia Integral

Rafael Pavía

Categoría: Desarrollo espiritual | Colección: Conciencia

Título original: *Conciencia integral*

Primera edición: Marzo 2019
© 2019   Editorial Kolima, Madrid
www.editorialkolima.com

Autor: Rafael Pavía
Dirección editorial: Marta Prieto Asirón
Maquetación de cubierta: Sergio Santos Palmero
Maquetación: Carmen Ruzafa

ISBN: 978-84-17566-32-6

No se permite la reproducción total o parcial de esta obra, ni su incorporación a un sistema informático, ni su transmisión en cualquier forma o por cualquier medio, sea este electrónico, mecánico, por fotocopia, por grabación u otros métodos, el alquiler o cualquier otra forma de cesión de la obra sin la autorización previa y por escrito de los titulares de propiedad intelectual.

Cualquier forma de reproducción, distribución, comunicación pública o transformación de esta obra solo puede ser realizada con la autorización de sus titulares, salvo excepción prevista por la ley. Diríjase a CEDRO (Centro Español de Derechos Reprográficos) si necesita fotocopiar o escanear algún fragmento de esta obra (www.conlicencia.com; 91 702 19 70 / 93 272 04 45).

ÍNDICE

INTRODUCCIÓN 7

PRIMERA PARTE

   CAPÍTULO 1. LA VERDAD Y EL SILENCIO 19
   CAPÍTULO 2. HISTORIA Y TIEMPOS DE LA CONCIENCIA. 27
   CAPÍTULO 3. LO ARCAICO Y LO LUNAR. 35
   CAPÍTULO 4. LA ÉPOCA MÁGICA Y LA ETAPA DE MERCURIO 39
   CAPÍTULO 5. LA ÉPOCA MÍTICA Y LA ETAPA DE VENUS. 45
   CAPÍTULO 6. ÉPOCA MENTAL Y ETAPA SOLAR 53
   CAPÍTULO 7. CONCIENCIA INTEGRAL, MÁS ALLÁ DEL «YO» 59
   CAPÍTULO 8. EL TIEMPO SE AGOTA 65
   CAPÍTULO 9. ESTADOS DE CONCIENCIA 71
   CAPÍTULO 10. DIOS COMO VERDAD 83
   CAPÍTULO 11. ALGUNOS ESTUDIOS SOBRE EL «YO» 89
   CAPÍTULO 12. LA VISIÓN DEL «YO SOY» 99

SEGUNDA PARTE. REGRESO AL EDÉN

   CAPÍTULO 1. LA VERDAD ACTUAL 109
   CAPÍTULO 2. EL ORIGEN, EL UMBRAL Y EL SUEÑO PROFUNDO 117
   CAPÍTULO 3. VUELTA AL ORIGEN 125
   CAPÍTULO 4. TRAS EL VELO DE ISIS. 131
   CAPÍTULO 5. LA SERPIENTE DE FUEGO 137
   CAPÍTULO 6. REGRESO AL ORIGEN 141

AGRADECIMIENTOS 149

BIBLIOGRAFÍA 151

Introducción

«Yo Soy» conciencia integral

Este texto no pretende más que hacer una pequeña contribución al despertar de la conciencia. Son tantos los autores, maestros, investigadores, que han contribuido al desarrollo y despertar de la conciencia que hoy en día es imposible no hablar de una conciencia integral y para hacerlo es irremediable tener en cuenta tanto las tradiciones de Oriente como de Occidente.

Ante la imposibilidad de unificar todas las tradiciones, cuestión que no pretende este libro —pues respeta tanto el nivel como el estado de cada cual y de cada tradición—, se trataría de comprender los objetivos y necesidades de cada persona para que esta pueda estar lo mejor orientada posible de cara a su propio despertar.

El despertar y el desarrollo de la conciencia plantea evoluciones, revoluciones y mutaciones, todas ellas encaminadas a alcanzar un estado plenamente despierto e iluminado.

La *evolución* es una adaptación lenta, útil para aquellos que principian en su ejercicio de autoconciencia.

La *revolución* de la conciencia es una conversión, un cambio de actitud y valores que nos sitúa en la dirección adecuada para ver el mundo y la vida «tal cual es», en su sentido real, ajustándose tanto a la verdad relativa como a la absoluta.

La *mutación* es resultado de la revolución de la conciencia. Surge de una necesidad que aparece ante una crisis que debe ser superada. Cuando la persona, y con ello la humanidad, se enfrenta a una crisis de conciencia, es que no sabe cómo enfrentar su vida; cuando se da cuenta de que todo lo que ha hecho no soluciona su porvenir, ni el provenir de sus semejantes, entonces viene la crisis. Esta será superada por algunos, y otros seguirán la estela de esos que fueron capaces de trascender su crisis, de manera que finalmente parte de la sociedad participará de los cambios y mutaciones.

Ante la gran crisis actual, es necesaria esa revolución de la conciencia, es necesario que nos impliquemos en una mutación. Y ¿qué cambio o revolución nos aportará dicha mutación? Para responder hay que abrir espaciosamente nuestra conciencia, hay que ver qué aportaciones ha generado la humanidad en los últimos milenios, así como en estos últimos 500, 400, 300, 200, y 100 años. Tenemos que examinar sobre todo estos últimos cien años y las últimas décadas porque durante los mismos hemos encontrado solución a muchas cosas; eso sí, a cambio de generar un raudal de problemas que ahora nos agobian como nunca, produciendo una crisis sin precedentes, puesto que la crisis actual es global e incluye a todo el mundo, a toda la humanidad.

Si no se encuentra solución a la crisis, esta acabará con muchos de nosotros pues la posibilidad de superarla es escasa, casi nula, aunque la esperanza es lo último que debe perderse. Es una crisis de conciencia, en la que los paradigmas actuales deberán verse y abordarse desde una nueva perspectiva. Y, al referirnos a la conciencia humana, estamos hablando de visualizar todos los paradigmas. Por ejemplo, el «tiempo», lo «temporal», ¿cómo está incidiendo y condicionando nuestra existencia? O, por ejemplo, la felicidad ¿se sabe ya qué es? ¿Es sentirse a gusto, sentirse pleno, tener una mente positiva, estar iluminado? ¿Qué es realmente ser feliz? Y la libertad, ¿es posible ser libres o nuestro genotipo condiciona hasta nuestra voluntad? La conciencia integral nos proporciona una nueva visión ante la crisis. ¿Seremos capaces de dejar de lado nuestras viejas perspectivas para abrirnos a una «aperspectiva», una visión no condicionada por nuestras propias limitaciones?

Pero hay un brote de esperanza, quizás no para todos, pero sí para algunos que, implicados en la revolución de su conciencia, puedan proporcionar alivio y esperanza al resto. Son muchos los maestros, autores e investigadores que nos hemos dejado en el tintero a sabiendas de que «no es oro todo lo que reluce». Dejemos que cada cual sea crítico, y sobre todo autocrítico, con su saber y su ser. No se trata de ver quién tiene la razón y la mejor solución, no se trata de resolver las cosas en un año o en un par de décadas, no se trata de salvar el mundo o salvarse uno mismo. Es algo un tanto más profundo: se trata de socorrer al individuo, a la humanidad y a la Tierra que habitamos con una nueva luz.

Aunque «salvar» desde una conciencia integral es algo que trasciende nuestro «yo» individual y nuestros valores sociales o colectivos, «salvarse» se convierte en una plenitud que incluirá lo manifestado y lo inmanifestado, el nacer y el morir. La conciencia salvadora trascenderá toda dualidad existencial, pues solo así, saliendo de la dualidad mental y del «yo», podremos ver cómo trascender la crisis actual. Y enfatizo el término trascender porque se trata de un modo original, realmente nuevo, que brinda una solución salvando el obstáculo que nos mantiene limitados, confundidos, angustiados y en crisis. El trascender se convierte entonces en un alivio.

La conciencia integral constituye pues una gran apertura, una gran conciliación, un desbloqueo, una terapia universal que sintoniza con el «Todo». Para muchos la conciencia integral es como el Tao de la vida en el sentido de que toda explicación al respecto fallará en su centro. Ciertamente así sucede en el pasado y en el presente, pero cuando la conciencia integral sea asumida por gran parte de la humanidad, el

Tao se aceptará de modo que será perfectamente entendible en su centro y en su periferia. La conciencia integral no podrá ser asimilada por todos de igual modo, ni al mismo tiempo. La conciencia integral trasciende lo temporal, por lo que no hay prisa ni hay un tiempo para que sea asimilada; sin embargo, para quien no asuma la conciencia integral, el tiempo será una condición cada vez más angustiosa, pues la asfixia que produce una conciencia embotellada es agonizante. Veremos cómo el tiempo es una condición hoy por hoy demasiado limitante que nos condena a una tridimensionalidad espacial semejante a un presidio, aunque ya son numerosos los intentos e impulsos de la mutación para adentrarnos en un «sentido espacial» que incluya una perspectiva tetradimensional, que viene a ser una nueva perspectiva.

Una gran apertura

¿Cuántos límites nos hemos autoimpuesto? ¿Desde cuándo los arrastramos? ¿Es cierto que para ser feliz en este mundo hay que triunfar social y económicamente? ¿O ese mismo triunfo social y económico nos condiciona a movernos conforme a una serie de valores restrictivos, superficiales, poco edificantes y tremendamente onerosos? ¿Es quizás la vía espiritual la solución? ¿O esta es una vía de escape que pretende garantizar un final feliz a pesar de que este pueda ser costoso, restrictivo, incierto o engañoso?

¿Cómo pues podemos afrontar la crisis? La apertura que proporciona la conciencia integral es vital, tan vital como lo es la ley de gravedad. La apertura no desestima las estructuras psíquicas, sociales, religiosas y demás estructuras que existen; la actitud de la apertura es atención, es saber escuchar, aprender, reflexionar, contemplar. La apertura no restringe, no condena, no justifica, sino que observa y comprende. La apertura puede permanecer en constante renovación, atenta a la verdad, a lo desconocido, de momento en momento.

Pero de la apertura no podemos esperar nada, puesto que si esperáramos algo de ella entonces ya no sería apertura sino un deseo esperado. Por tanto, la apertura es la gran esperanza que nada desea o espera.

La apertura es vivir sin temor, ya que nuestra conciencia integral asumió el miedo a vivir y a morir, comprendiendo que son pocos los beneficios derivados del temor o del miedo infundado. La apertura extingue el temor infundado.

La apertura no pone condiciones; tampoco las rechaza. Sencillamente no se deja condicionar por ninguna condición. Pero cuando las condiciones o el karma son inevitables, entonces las asume sin alterarse.

Una gran conciliación

La conciencia integral es conciliación, es incluyente; no rechaza ni lo bueno ni lo malo. No condena ni justifica los actos; todo acto por debajo de la conciencia integral tendrá carencias, insuficiencias, le faltará madurez.

La tolerancia debe ser para con todos, con los delincuentes, los jueces y los legisladores. Todos cometemos errores mientras no alcancemos la mínima madurez. Esta madurez se ha ido forjando durante decenios, centenares y milenios, y aún nos faltan amargos aprendizajes mientras no superemos nuestra crisis y afrontemos el desarrollo de nuestra conciencia integral.

Se puede permitir y respetar cualquier tradición, religión, idea, valor. Cada cual asumirá sus propias causas y efectos, su karma. Lo imprescindible es madurar, rectificar, perdonar, a la vez que se asume la responsabilidad propia y común. Conciliar es aprender a ponerse en el sitio de otro, escuchando, participando con empatía. Conciliar es respetar la libertad de aprendizaje de uno y de los demás. La responsabilidad, la libertad, la madurez, el aprendizaje, es la vía hacia la conciliación.

Un desbloqueo

La conciencia integral nos permitirá desbloquearnos. Hoy en día existen innumerables circunstancias, pensamientos, emociones, condiciones sociales, etc., que nos limitan y en gran parte nos bloquean.

No se trata de aprovechar las dificultades para superarse, aunque también eso es bueno; de lo que se trata es del resultado, de la finalidad, del objetivo. Lo primero es resolver las situaciones personales y familiares para luego contribuir en lo colectivo. Cuando uno cree que ha superado sus obstáculos pero su satisfacción no es plena ni perdurable, entonces el resultado, la finalidad o el objetivo siguen pendientes.

Los parámetros o ejemplos de vida actuales de la modernidad y la postmodernidad no han dado los resultados esperados; seguimos con problemas que nos abruman y angustian. Vamos poniendo parche sobre parche intentando resolver los problemas, pero sin perspectivas de alcanzar un resultado.

En este texto citaremos a diferentes autores que nos invitarán a comprender el significado de la mutación, esto es, de un gran cambio de conciencia. Este cambio de conciencia asumirá valores que hoy por hoy solo son quimeras o utopías. Ahora estamos ante una situación de emergencia. Se trata de que, si no se produce un cambio de conciencia, la crisis nos pondrá en situaciones extremas y muy dolorosas.

Los hippies buscaron un cambio social sin procurar primero un cambio de conciencia, fracasando así en su resultado; ahora se requiere una implicación para bien de uno mismo y de sus semejantes. Otros movimientos, sociales, religiosos o espirituales, como la *New Age*, han querido ofrecer vías o remedios para afrontar nuestra actual crisis, pero los resultados no son los esperados.

Desbloquearnos para encontrar un resultado cierto, válido o perdurable requerirá de apertura, de conciliación con aquello que constituye el origen de nuestra conciencia, siendo necesario dejar de identificarnos con nuestros problemas, pues tal identificación es la que en gran parte nos mantiene bloqueados.

No identificarse no significa ignorar los problemas ni huir de ellos; significa que podemos asumirlos e incluso integrarlos sin que condicionen nuestra visión, nuestra claridad, para que la conciencia pueda permanecer transparente, viendo las circunstancias desde un estado atemporal o efectivamente contemplativo. Ello nos permitirá observar los problemas en su realidad temporal, finita, lo que nos aportará un final, un resultado que no será a corto plazo, no temporal. Dejaremos a un lado los parches y permaneceremos en un estado lúcido, clarividente, objetivo. Este estado es una nueva luz que nos permitirá mutar hacia la conciencia integral.

Una terapia universal que sintoniza con el «Todo»

Cuando nos referimos a una «terapia universal que sintoniza con el Todo» no estamos hablando de una cura temporal, de un parche o placebo. La conciencia integral no ofrece un remedio circunstancial, puesto que plantea una esperanza sin deseos. Este hecho rompe con nuestra actitud de remediar lo irremediable, de dar esperanza a lo insalvable; en la revolución de la conciencia se deben asumir el dolor y el sufrimiento, propio y ajeno.

La terapia universal deberá afrontar la crisis de la vida y la muerte, la juventud y la vejez, etc. La conciencia integral no se queda solo en lo personal, puesto que entonces dejaría de ser integral. Es una terapia que sintoniza con el Todo.

La terapia que aporta la conciencia integral no es «para mí» o solo «para mí», pues solo puede funcionar mediante la compasión universal. Por tanto, en lo psicológico, la terapia o curación no se encasquilla en un «yo», en una individualidad separada de sus semejantes y de todo aquello que la rodea.

Esta terapia es universal, lo que implica que en la medida en que nuestra conciencia integral adquiera lucidez, un estado transparente, el «yo dual», ese «yo que nos separa de todos y todo» formando un yo y un tú separado, se irá disolviendo. Este «yo» es una parcela individual que nos limita, nos condiciona, nos embotella. En ese «yo» con su parcela individual vivimos todas nuestras tragedias, dramas y comedias.

Cuando mutamos, la conciencia se emancipa hacia lo universal, hacia la totalidad que todo lo incluye, que todo lo abarca, sin restricciones, de forma ecuánime, compasiva.

En estos últimos tiempos vemos cómo los ejecutivos de las empresas han cambiado su planteamiento competitivo para pasar a un cooperativismo que requiere una integración interdisciplinar, cuestión que fue originada en gran parte por la ciencia cognitiva. De ese modo se ha pasado de una participación individualista, fundada en la competitividad del «yo», a una cooperación pluralista. Pero tal cooperación pluralista aún no se encamina hacia un resultado adecuado, puesto que los intereses empresariales actúan dentro de las condiciones del ego.

El pluralismo no es conciencia integral. Aun aceptando la pluralidad de razas, culturas, pensamientos, ciencias, y aplicando un trabajo interdisciplinario, hoy en día es un hecho que para las empresas queda pendiente el desarrollo de una verdadera conciencia integral. Esto es un objetivo de trabajo tanto en lo personal como en lo colectivo. La integración permite que lo individual, en plena y absoluta libertad, participe de la compasión universal, siendo esta la madre de todas las terapias.

Conclusión

Espero que este trabajo pueda motivar a una búsqueda más clara y objetiva que nos permita alcanzar un resultado perdurable de superación de nuestra crisis humanitaria.

Nos toca hacer un ejercicio de autoconciencia en el que el ser y el saber constituyan las dos columnas que sujeten el templo de una conciencia cósmica común. Esto que puede sonar muy rimbombante es una utopía que ya fue propuesta por los masones, y que asumió la Revolución Francesa con su grito de: «Libertad, igualdad y fraternidad». Los templos masones se sostienen simbólicamente por dos columnas (Jakim y Boaz), una solar y otra lunar, que a su vez representan el amor y la sabiduría.

Los masones, los rosacruces y los alquimistas contribuyeron al desarrollo de la Historia de la humanidad procurando que el estado de conciencia mental pasara a lo trascendente. Ahora son tiempos diferentes que requieren urgentemente de un cambio de conciencia, y para ello hay que incluir e integrar a todas las luces que nos alumbraron en Oriente y Occidente a lo largo de toda la Historia.

Pero lo fundamental en la conciencia integral no son las luces que nos alumbraron y alumbran; lo fundamental para alcanzar la conciencia integral es que todos reconozcamos la misma «luz».

En una noche estrellada, son muchas las estrellas que brillan. Unas brillan más que otras, y uno tiende a fijarse en la estrella que más luce en el cielo; pero si dejáramos sola a esa estrella brillando en la noche, el cielo perdería su encanto y su belleza, así como su infinitud. Por eso lo importante no es la luz de cada estrella, sino reconocer la luz que hace brillar a todas las estrellas.

Primera parte

Capítulo 1.
La verdad y el silencio

Cuando Pilatos le preguntó a Jesús sobre la verdad, él guardó silencio, y dicen que cuando le preguntaron a Buda sobre la verdad, les dio la espalda y se marchó. Podemos deducir que la verdad es incomunicable, pero también podemos entender que en el silencio se encuentra la respuesta a la verdad. Todos los sinceros buscadores de la verdad han tenido que guardar silencio ante lo inconmensurable; las palabras no son suficientes para transmitir la verdad, aunque son útiles para acercarse a ella y abordar un «abismo insondable». De este modo definían los gnósticos valentinianos al primer «aeón» en su cosmología, siendo la esposa del abismo insondable el silencio. Este primer «aeón» es nuestro mismo origen primordial que debemos descubrir si es que buscamos una verdad absoluta; diferente sería si solo buscáramos una verdad relativa o circunstancial.

Abordar la verdad en estos tiempos no es tarea fácil. Tampoco lo fue en otros tiempos, pero sí sucede ahora que la verdad ya no puede quedarse a medias o en partes, pues es demasiado lo que hemos descubierto; es tanto lo que la ciencia, la física, las matemáticas, la biología, la psicología, la sociología, etc. han avanzado que sin duda nos estamos acercando a un abismo que parece ciertamente insondable. Estamos ante los albores de una nueva era, pues como humanidad se nos pide un salto cualitativo para que el abismo de nuestro presente futurible no se convierta en una sepultura.

No somos ni los primeros ni los últimos en plantear esta cuestión acerca de la angustiosa incertidumbre que la humanidad vive hoy; baste con referirnos a Jean Gebser y su monumental obra *Origen y presente,* para ver cómo él y muchos otros empezaron a plantear la gran crisis de conciencia que nos consume en la actualidad. La humanidad siempre tiene que ir de cara hacia la verdad, bien para sepultarla o para resucitarla; resucitarla a una nueva vida, como anunció Jesucristo diciendo: «*Yo Soy el camino, la verdad y la vida*». No podemos huir de la verdad, pues en la escuela de la vida, o nos consumimos en una angustia autodestructiva o nos liberamos para vivir una trascendencia convertida en ascensión permanente.

En esta obra nos centraremos principalmente en el trabajo desarrollado por varios genios: el ya citado Jean Gebser, Ken Wilber, el Maestro Eckhart, el Maestro Samael Aun Weor, Rudolf Steiner y otros tantos que nos han aportado una parte de la verdad que todo lo contiene y que es sustentada por el insondable «origen siempre presente», que nos decía Jean Gebser. Todos ellos tienen algo en común: se enfrentaron a la verdad hasta sus últimas consecuencias. Así, todos los grandes sabios de la Historia, tanto de Oriente como de Occidente, estudiados por estos autores también formarán parte de esta obra. En el caso del Maestro Eckhart (1260-1328) sus estudios se centraron en la cultura occidental pero su obra ha sido estudiada por los orientalistas, y sobre todo por los practicantes del budismo zen. En el zen nos reencontramos con el silencio y esto nos lleva tanto a analizar la capacidad cognitiva de los humanos como su forma de transmitir o enseñar lo aprendido y lo aprehendido.[1]

Nos dice la neurobiología que la parte izquierda del cerebro se ocupa del lenguaje verbal, mientras que el hemisferio derecho lo hace del lenguaje no verbal; los dos

---

[1] *Aprender* es adquirir conocimientos a través del estudio, la experiencia o la enseñanza. En cambio, *aprehender* es asimilar conocimientos sin necesidad de estudiar.

hemisferios cerebrales nos muestran la realidad dual de nuestro universo macrocósmico y microscósmico. La ciencia se ha preocupado mayoritariamente del hemisferio izquierdo, el del raciocinio, el razonamiento; ya el Antiguo Testamento nos advirtió del gran problema de la razón humana, cuando se refería a la Torre de Babel. El Maestro Samael nos dice al respecto que los hombres querían alcanzar el Cielo o la divinidad, pero la confusión de lenguas, es decir, las diferentes teorías, especulaciones y perspectivas, los llevaron a no entenderse entre ellos haciendo que la Torre de Babel se derrumbase una y otra vez y dispersando a la humanidad sobre la faz de la Tierra a lo largo de toda su Historia.

Jean Gebser nos señala la actual mutación que la humanidad está viviendo, donde lo racional toca a su fin, dando paso a una conciencia que es inmanente y trascendente a la función racional. También el Maestro Samael nos dice que en esta nueva era de Acuario, la razón y la intuición deben unirse. Y Ken Wilber nos explica, en su *Espiritualidad y psicología integral,* la fusión de nuestras diferentes capacidades cognitivas y de desarrollo. El Maestro Eckhart es en sí mismo un ejemplo de conciliación entre lo verbal y lo no-verbal; la ciencia y la filosofía se ocupan del lenguaje verbal, mientras que la mística y el arte se ocupan del lenguaje no verbal. Decía José Ortega y Gasset (1883-1955): «*ni el mutismo ni el carácter intransferible de su saber pueden valer como objeciones contra el misticismo, porque el color que vemos con nuestros ojos y el sonido que percibe nuestra oreja son también indecibles. Es decir, el matiz especial de un color no puede expresarse en palabras, hay que verlo. A un ciego de nacimiento no se le pueden explicar los colores, algo que es obvio para los videntes. En esta lógica sería un error desdeñar lo que solo ve el místico, porque solamente puede verlo él. Hemos de reconocer que hay personas que ven más que los demás y estos demás no pueden hacer otra cosa que aceptar esa superioridad cuando es evidente. El que no ve tiene que fiarse del que ve. Ahora bien, respecto a lo que ve el místico y no vemos el resto de los humanos hemos de preguntarnos ¿cómo certificar que ve lo que no vemos los demás? Porque el mundo está lleno de charlatanes, embaucadores y dementes*»[2].

José Ortega y Gasset refleja el eterno conflicto entre el lenguaje verbal-racional y el lenguaje no-verbal-intuitivo. El conflicto debe resolverse antes de que nos sepulte. Lo cierto es que lo verbal, o el *logos,* y el silencio y su inconmensurabilidad están vigentes, presentes en nuestra realidad y debemos abordar la verdad con ayuda de lo verbal y lo no-verbal.

La verdad absoluta y la verdad relativa

Únicamente puede existir una verdad, nos dice la lógica, pues dos verdades se enfrentarían en algún aspecto de su decir; una sola verdad debería incluirlo todo. Entonces nos enfrentamos al hecho de que la verdad de uno no puede ser absoluta, pues se enfrentaría a la verdad del otro. De modo que la única y sola verdad de uno lógicamente debe trascender el «yo» y el «tú», es decir, debe trascender la dualidad para sumergirse en una unidad no personal y sí colectiva. Esto sería como sumergirse en el «océano de la vida libre en su movimiento», donde cada gota que forma el océano es indisoluble del resto, a riesgo de quedarse como simple gota aislada y personalizada que permanecería a instantes seca y vaporizada en la nada existencial. Por tanto, la verdad única y absoluta es y pertenece a todos, mas requiere la condición de no ser «yo», es decir, que no puedo ser una gota diferente y aislada

---

2   *Defensa del teólogo frente al místico* V, 453ss.

del resto del océano. Pero la realidad es que si somos un «yo» debemos aprender a diferenciar entre «nuestra verdad» y la verdad absoluta, que es la de todos, donde se conforma la totalidad. Entonces, en mi realidad, esa realidad que asume el «yo», encontraré mi verdad, que será una verdad relativa y dual. Esta verdad relativa pertenece, como dice el Maestro Samael, a la «maquinaria de la relatividad» que mueve todo el universo existencial, y por eso dice el mismo autor que es «mejor ser que existir». En el ser debemos encontrar nuestro origen, que es un origen común, donde la verdad absoluta es atemporal; allí, en lo absoluto la conciencia y el amor son ecuánimes, sin diferenciación entre unos y otros.

Si aceptamos que hay una verdad absoluta original y atemporal, y también que en esa verdad absoluta que todo lo incluye existe una verdad relativa, circunstancial y temporal, personalizada para cada cual, entonces podremos ir conciliando las dos verdades, la absoluta y la relativa. Teniendo presente que la verdad absoluta incluye a la verdad relativa, cabe plantearse, como hace Ken Wilber, la siguiente pregunta: ¿es la iluminación del pasado semejante a la iluminación o conciencia de la verdad que podemos alcanzar en la actualidad? Esta inteligente pregunta nos debe hacer plantearnos que una es la verdad en su origen, que nos hace iguales y semejantes a todos, y otra es la verdad actualizada en el presente, que siempre nos aporta una nueva luz. Respecto a esta cuestión Jean Gebser nos sitúa en un origen y presente siempre unidos donde la conciencia deberá mutar hacia un origen y presente siempre actualizados, donde lo mutable es compatible con lo inmutable. Esta supuesta contradicción es semejante a la polaridad del hemisferio derecho y del izquierdo de nuestro cerebro. ¿Es compatible el lenguaje verbal-racional con el lenguaje no-verbal-intuitivo? Trascender la dualidad es en principio asumir la polaridad de los contrarios complementarios, para que el Tao de la vida sea. El neurobiólogo

Francisco J. Rubia (1938), junto con otros colegas suyos, han planteado romper la dualidad entre mente y cerebro, ya que es inviable dar con la verdad solo utilizando una de las partes de cualquier dualidad. Siendo el universo mismo dual, como lo representa el Tao, no debemos verificar la gnosis con un solo polo, sino que la totalidad debe verificarse con la «no-dualidad», es decir, no separando los polos contrarios y complementarios. Por tanto, es perfectamente aceptable que la verdad absoluta incluya a la verdad relativa, y que una y otra verdad se complementen.

El silencio y su fuente de sabiduría

Ahora podemos plantear la relación entre la verdad y el silencio. Helena Blavatsky (1831-1891), fundadora de la Teosofía, escribió el libro *La voz del silencio*. Con ello ayudó a difundir las enseñanzas orientales facilitando el nexo entre Oriente y Occidente. Podemos decir que Oriente escuchaba más el silencio, participando mejor del hemisferio derecho del cerebro y el lenguaje no-verbal, más afín a lo femenino y lo intuitivo; mientras que Occidente se ha vinculado más con el *logos*, el verbo o la parte izquierda del cerebro, a la que podríamos asignarle el factor masculino. La cuestión es cómo unir los dos hemisferios o polos en pos de la plena armonía y plenitud.

Aquí en Occidente nos toca aprender a escuchar mejor el silencio. Esta necesidad se ha buscado en la meditación, el yoga, el budismo, el zen, etc. El silencio es un estado de conciencia donde la mente entra en un estado pasivo, relajado y atento. Profundizando en el silencio encontramos el vacío del que se habla en Oriente. El silencio es un vacío, un estado diáfano, carente de todo deseo, donde nada se busca, nada se es, ni nada se tiene. Esto es semejante a la oración del contemplativo y místico San Juan de la Cruz (1542-1592), que oraba diciendo: «*Nada soy, nada tengo, nada quiero*». Este místico fue influenciado por la llamada «*devotio moderna*», cuyo máximo exponente fue Tomás de Kempis (1380-1471) quien a su vez recibió la influencia del Maestro Eckhart (1260-1328). Con esto vemos que en Occidente también se intentó escuchar el silencio, pero el logos, la razón, se impuso sobre él. Pitágoras exigía más o menos cinco años de silencio a sus discípulos, y lo mismo hacía Platón con sus discípulos antes de permitirles ingresar en su academia. Es evidente que el silencio tiene un poder iluminador.

Lo esencial del silencio es trascender la dualidad, ya que lo dual pertenece al mundo de lo relativo, al mundo manifestado o creado, mientras que el silencio nos acerca a los orígenes, donde se abre el abismo insondable. Decía el Maestro Eckhart: «*Cuando yo me hallaba aún en mi causa primigenia, no tenía Dios alguno y era la causa de mí mismo; no quería nada ni apetecía nada porque era un ser libre y un conocedor de mí mismo en el gozo de la verdad. Entonces me quería a mí mismo sin querer otra cosa; lo que yo quería lo era, y lo que era lo quería, y entonces me mantenía libre de Dios y de todas las cosas. Mas cuando, por libre decisión, salí y recibí mi ser de criatura, entonces tuve un Dios, porque antes de que fueran las criaturas, Dios [aún] no era Dios; mas era lo que era. Pero cuando las criaturas llegaron a ser, recibiendo a su ser creado, Dios no era Dios en sí mismo, sino que era Dios en las criaturas*»[3].

Sin duda su planteamiento es enteramente gnóstico, y por ello denominan al Maestro Eckhart el metafísico o teólogo gnóstico. Él plantea la presencia del ser antes de que Dios y el logos creador entraran en acción; allí, en ese origen pri-

---

3   Sermón LII: *Los pobres de espíritu. Tratados y sermones.*

mordial y atemporal se encuentra la pureza inmaculada. En ese estado primigenio antes de que todo fuera, uno era y es, fuera de toda dualidad y temporalidad. Lo mismo dijo Jesucristo: «*De cierto, de cierto os digo: 'Antes de que Abraham fuese, Yo Soy'*» (Jn: 8:58). Lo eterno en realidad es previo a todo lo creado, y todo lo creado es temporal. Cuando la conciencia cae o se identifica con lo temporal entonces surge la angustia de un «yo» que, sintiéndose temporal como el resto de lo creado, busca insaciablemente subsistir, permanecer más allá de la finitud que lo rodea. Mientras estemos condenados por lo temporal, la angustia, tanto de los creyentes como de los no creyentes, será nuestra constante y nos conducirá al caos. Hoy la sociedad no es más que un reflejo de ese caos. Por ello necesitamos el silencio, porque el silencio en su proceder nos lleva paulatinamente hacia lo original, donde conectamos con el eterno presente, haciendo cesar la angustia del existir para llegar a ser.

Son el silencio y su vacío fuente de inspiración y sabiduría, pues en el vacío hay plena apertura. Ante tal apertura que todo lo incluye, siendo el vacío diáfano y claro, la totalidad se manifiesta en todo su esplendor, pues no hay limitación, ni condicionamientos ni preconceptos, ni prejuicios. Surge sin impedimentos la plena integración. Así, de un modo sencillo y natural surgen la unidad y su totalidad; ahí la omnisciencia fluye en su espacio natural.

Capítulo 2.
Historia y tiempos de la conciencia

La evolución es una cuestión de tiempo, mientras que la expansión es cuestión de espacio; hay que comprender en qué medida el tiempo y el espacio condicionan nuestra conciencia.

Jean Gebser, en su monumental obra *Origen y Presente* plantea con dedicación y minuciosidad la cuestión de la conciencia, el tiempo y el espacio. El autor explica que el origen siempre es presente y que la humanidad ha ido integrándose en su origen siempre presente mediante mutaciones. Cada mutación ha generado una crisis de adaptación. Él ha clasificado la evolución de la conciencia en cinco estadios: 1. Arcaico, 2. Mágico, 3. Mítico, 4. Mental, 5. Integral. Actualmente, en Occidente estamos viviendo la mutación hacia lo integral, y explica Jean Gebser que la crisis actual se encuentra en el punto de desafío de superar el «tiempo», considerado un espacio tridimensional. Ciertamente, como hemos comentado, el «yo» se angustia en su existencia temporal, y aunque la idea de lo eterno siempre existió, poder asumir lo eterno o el origen no es tarea fácil. El concepto de mutación de Jean Gebser no es sencillo de entender. Él se refiere a mutaciones de la conciencia provocadas por la propia conciencia cuando esta exige un cambio de «uno mismo». Por tanto, la mutación no corresponde a un proceso evolutivo, mecánico, marcado por lo temporal. La mutación trata de una conciencia que se trasciende a sí misma por necesidad propia de su naturaleza; «es luz de sí mismo buscando mejor luz de sí mismo».

En lo individual las mutaciones parecen más ajenas al tiempo. En lo colectivo sí que se marcan épocas, por lo que parece que las mutaciones están más vinculadas a lo temporal. Pero he ahí la cuestión: ¿qué es el tiempo? y ¿cómo se concilian tiempo y conciencia? Los antiguos griegos con los que se inició la era del *logos* o lo mental nos representaron tres dioses y tres tipos de tiempo.

En abril de 2017 publiqué un artículo titulado *Lo eterno y lo temporal en el momento justo,* en relación a este tema. Puedes descargártelo con ayuda de este código QR:

Por tanto el tiempo es un factor que presiona a la conciencia, que tiene que asumir al dios Cronos y su temporalidad o eventualidad. El paso del crono repercute en nuestro cuerpo, condicionándonos, y en nuestra percepción del espacio tridimensional. En nuestro anhelo de trascender lo transitorio los antiguos griegos se fijaron en un espacio más amplio y en las estrellas fijas donde parece que el tiempo no transcurre, abordando la eternidad, aunque el dios Aión se quedara en lo sempiterno. Distinto era Kairós, que asumía el instante como una ocasión para transformar el destino. Quizás este dios nos sea más desconocido en la actualidad, donde todo parece ser sometido al tiempo cronometrado.

Sobre el tiempo y el espacio existe hoy una revolución conceptual que fue aportada por Albert Einstein y su Teoría de la Relatividad, y actualmente por la física cuántica y las distintas variantes de la Teoría de Cuerdas, que siguen investigando una «fórmula del Todo» que pueda integrar el espacio-tiempo de un modo exacto, asumiéndose incluso por parte de la mecánica cuántica la Relación de Indeterminación de Heisenberg o Principio de Incertidumbre, que establece la imposibilidad de que determinados pares de magnitudes físicas observables y complementarias sean conocidas con precisión al mismo tiempo puesto que el propio observador altera el entorno. A los profanos en Física, estas investigaciones y sus fórmulas nos sobrepasan, lo que no impide que nuestras especulaciones y fantasías busquen trascender el tiempo en nuestro sueño fantástico de poder viajar por él, ya sea hacia atrás o hacia delante. Sin duda nuestra conciencia necesita liberarse y trascender las dimensiones espacio-tiempo.

Los cinco estadios de conciencia de J.G. son un viaje retrospectivo a nuestro origen, donde solucionaríamos nuestra angustia temporal y hallaríamos el espacio natural de la conciencia. Pero para ello no debemos huir de Cronos; más bien deberemos integrarlo, asumiendo una conciencia que esté más allá de lo mental y lo racional. Aunque tampoco se trata de huir de lo mental, sino de integrar esta condición en una conciencia «transracional» que nos aporte una nueva visión o perspectiva que abra un espacio con una nueva luz que permita acceso a lo eterno. Ese espacio nuevo es completamente abierto y no-dual; en él lo pasado y lo futuro se hermanan en un presente incondicional. Como dijo Buda: «*si quieres conocer tus vidas pasadas, observa tu presente, y si quieres conocer tu futuro, observa tu presente*».

Nosotros no pretendemos acceder a la Física y las Matemáticas contemporáneas, que tanto están contribuyendo a la expansión y desarrollo de la conciencia humana; nuestra atención se dirige hacia la propia conciencia y vamos a hacer el esfuerzo de explicar cómo desde los primeros tiempos hemos intentado descubrir el espacio de nuestra conciencia y vamos asumiendo el peso de la verdad. Por un lado, estudiaremos el enfoque de Jean Gebser y su historia colectiva acerca de la conciencia humana, y por otro lado recurriremos a Rudolf Steiner (1861-1925), fundador de la Antroposofía, rosacruz y gran sabio clarividente. Con él revisaremos nuestro proceso de evolución personal desde nuestra infancia hasta nuestra vejez, tanto en lo colectivo como en lo individual, así como su semejanza con los diferentes niveles de conciencia.

Historias de la Historia

Para entender cómo evolucionó o mutó la conciencia, J.G. nos indica que primero tendríamos que tener claro cuál es la Historia de la humanidad. Enormes fueron los esfuerzos del sabio jesuita francés Pierre Teilhard de Chardin (1881-1955, teólogo, paleontólogo) para unificar la teoría de la evolución de Darwin y las creencias cristianas. Para él, tanto la ciencia como la fe religiosa tienen sus carencias. Para P. Teilhard, las evidencias científicas sobre la evolución de la humanidad debían tener un fin, que denominó «Omega». Ante la teoría científica de la evolución y en contraposición a ella, él veía la parálisis que mostraban las creencias religiosas en lo referente a nuestro génesis, pues daban a entender que en nuestra creación ya fuimos plenamente realizados. Así que la visión de P. Teilhard era ortogenista y finalista (teleología). Por un lado, vio en la teoría de la evolución la cuarta dimensión, o el factor tiempo, que permite a la humanidad ser copartícipe de su creación asumiendo una finalidad compartida, u «Omega»; siendo entonces la evolución tanto un medio con un fin, que será impulsado desde el primer momento de nuestro génesis como parte de un plan divino. P. Teilhard ha sido criticado por ambos lados, por la ciencia atea y por los creyentes de su fe cristiana. Quizás deberíamos reconocer, como nos hace ver Ken Wilber, que todo son partes del gran Todo.

En mi opinión la Historia de la humanidad la hacemos tan rígida como nuestro ego, pues tanto nuestra historia personal, en la que se sustenta nuestro «yo», como esa historia colectiva en la que nos incluimos, son pilares de nuestro ego; y, claro, al ego no le gusta que le remuevan sus cimientos ni sus pilares o estructuras. Si alguien se identifica con su nación y con la historia de su nación y sus compatriotas, podrá sentirse muy orgulloso, y en algunos casos defraudado, pero toda esa historia, con sus tragedias y comedias, le producirá ese sentimiento en su querido ego, haciéndole sentirse fuerte, seguro, orgulloso. Y por lo que respecta a la Historia de la humanidad, con esa lucha entre los evolucionistas y los creacionistas, nuestro querido ego en general se sentirá identificado, bien con un bando o con otro, y en dicha identificación se asentarán sus bases y estructuras. Por ello, cualquier cambio o modificación hará tambalear su visión sobre sí mismo y sobre su vida. Por esa razón hacemos de nuestra historia algo inamovible, o por lo menos tan inamovible como nuestro ego, que suele pensar que su pasado es su verdad. Si nuestro ego hubiera pasado por diferentes historias o nacionalidades posiblemente sería más flexible; entonces la historia universal de la humanidad también podría resultar más flexible. Pienso que la Historia debería gozar de mayor apertura y flexibilidad.

Siempre he visto una enorme contradicción entre los mitos de nuestros antepasados, que veían a sus ancestros como seres superiores, y la visión que la Antropología académica nos aporta, conforme a la cual nuestros antepasados fueron seres inferiores a nosotros. ¿Cómo es posible que los griegos, egipcios, hindúes, chinos, aztecas, incas, etc., vieran a todos sus antepasados como gigantes, titanes, semidioses, dioses muy superiores a ellos mismos, y sin embargo, ahora tengamos una visión totalmente contraria? ¿Es quizás que nuestros antepasados, a falta de una historia real se inventaron toda una mitología de seres superiores para hacer sentir su ego también fuerte y seguro? Este es el caso de Eneas y su creador Virgilio, el poeta de Mantua, quien por encargo del emperador Augusto escribió su novela para darles a los romanos un origen mítico y legendario. Pero hay que decir que los mitos de nuestros antepasados contaban ya con cierta cronología o temporalidad, incluso calendarizada. Lo podemos ver en las edades o «yugas» de los hindúes, así como en las cuatro edades de los griegos y los romanos que cita Ovidio en su obra *La metamorfosis*. Estas cuatro edades de oro, plata, cobre y hierro, marcaban un declive o involución; es decir, nuestros antepasados, más que ver una evolución, veían una involución en su Historia. Cuestión esta que también se ve reflejada en la historia y la mitología de las culturas mesoamericanas. Según el antropólogo Víctor Manuel Chávez, los aztecas, en su famoso calendario la «Piedra del Sol», se refieren a cuatro razas previas a ellos: los hombres-tigre, los hombres-mono, los hombres-pájaro y los hombres-pez, y cada raza pasó sucesivamente a escalas inferiores en su desarrollo. En definitiva, hay contradicciones en nuestra Historia, siendo la más importante la relativa a si hemos sufrido una evolución o una involución, cuestión que afecta al factor tiempo.

Siguiendo con las historias de la Historia, H.P. Blavatsky nos relata en sus seis tomos de *La doctrina secreta* la visión de la Teosofía del origen de las razas humanas y su evolución. En cierto modo la Teosofía intentó unir el mito con la evolución de las razas humanas, evitando así la contradicción entre lo que decían nuestros antepasados y la teoría de la evolución. H.P. Blavatsky nos dice que hubo cuatro grandes razas humanas que nos precedieron: 1. Protoplasmática, 2. Hiperbórea, 3. Lemur, 4. Atlante, para terminar con nuestra actual quinta raza a la que denominamos aria. Es sin duda cierto que la raza atlante aún resuena entre nosotros y resonaba con vigor entre los egipcios y los griegos, como nos recuerda Platón citando a su tío Solón, quien escuchó de los sacerdotes de Sais en Egipto la historia de los antiguos atlantes; también hay recuerdos de la sumergida Atlántida entre los toltecas, los aztecas y los mayas. En definitiva, la Historia no debe cerrarse, sino que debe permanecer abierta, pues también nuestro ego debe abrirse a su realidad, a su origen e impulso de vida. La Historia nos precede, pero también la Historia nos llevará a un destino incierto para la mayoría. Quizás para algunos será un destino esperado; todo ello dependerá del trabajo que desarrollemos sobre nuestra conciencia tanto en lo individual como en lo colectivo.

La historia de la conciencia y sus tiempos nos apremian: conocer dónde nos encontramos en nuestro proceso de evolución o mutación y desarrollo, o despertar de la conciencia, nos interesa para poder seguir con nuestra labor y tomar la dirección correcta.

Capítulo 3．

Lo arcaico y lo lunar

Jean Gebser primero nos refiere a la conciencia arcaica, o primigenia, que se corresponde con la época lunar, lo individual; el primer septenio según Rudolf Steiner. En la época arcaica o lunar debemos incluir la concepción, la gestación y el alumbramiento, así como los primeros siete años de la criatura. Sería la primera raza protoplasmática de la Teosofía.

Según J.G., en la época arcaica nuestra conciencia carecía de perspectiva, por lo que no se tenía conciencia de ninguna dimensión, estando situada en lo pre-espacial y lo pre-temporal, siendo a la vez nuestra esencia una identidad integrada en la completitud. Para hacernos una idea sobre tal estado arcaico de la conciencia, sería algo semejante al «efecto espejo», fenómeno por el cual el niño hasta la edad de dieciocho meses no se reconoce frente a un espejo. Desde el momento de nuestra concepción vivimos un impulso que nos lleva a reconocernos, y las preguntas básicas son y serán siempre: ¿de dónde venimos?, ¿hacia dónde vamos? y ¿quiénes somos? Mientras nos vamos formando, nuestra conciencia va sumando extractos de experiencias que irán desde lo sensual a lo puramente cognoscitivo, con los que procura verificar las respuestas que demanda.

En el estado arcaico la humanidad no sentía su yo; su identidad estaba integrada en todo lo que percibía, sin tener conciencia de sí misma, como le sucede al niño hasta más o menos los dieciocho meses de vida. A partir de que el niño se reconoce, su conciencia va mutando o transformándose y entonces empieza a reconocer su entorno y a forjar una identidad. El niño aún no tiene historia personal, pero va forjando en su cerebro y en todo el cuerpo un cúmulo de sensaciones e impresiones que le irán marcando y que irán definiendo su futura estructura. Sedimento tras sedimento, sensación tras sensación y acumulando un compendio de impresiones, los primeros humanos fueron registrando un sinfín de percepciones que irían configurando un mundo que quizás ahora nos resulte demasiado arcaico o primario.

Pero sin duda creo un error pensar que nuestros primeros antepasados fueron rígidos, toscos, rudos, brutos o salvajes; más bien serían como un niño recién nacido: muy sensibles, flexibles, adaptables, con una empatía completa con el entorno. Esa empatía sería natural puesto que no existía una separación dual entre el yo y el entorno, pues se carecía de la identidad del yo. Los primeros humanos proto-homínidos serían tal vez protoplasmáticos, etéreos, con la capacidad de adaptación de las células-madre actualmente utilizadas en la Medicina regenerativa; quizás estas células-madre predominaran en nuestros inicios, siendo una época completamente lunar, en la que los hombres buscaban el regazo de la madre natura refugiándose y viviendo en sus cavernas. Es posible que en los primeros ensayos de creación de la especie humana las células-madre estuvieran cumpliendo su función de poder adaptarse a su medio ambiente, creando y recreando ensayo tras ensayo la configuración humana. Tal vez las células simples o protistas de la Teoría del «Reino Monera» de Ernst Haeckel (1834-1919), que pudieron dar origen a la vida, incluyeran en sí mismas un proyecto humano.

Según el psicólogo y biólogo Jean Piaget (1896- 1980), un niño va pasando por sucesivas etapas de los dieciocho a los veinticuatro meses, una etapa sensorio-motor, y de los dos a los siete años, una etapa pre-operacional. Es obvio que cada mutación del niño, como el emerger de sus dientes de leche o el cambio de los dientes de leche a los dientes permanentes, afecta a su desarrollo y formación psíquica, siendo el dominio del lenguaje la gran mutación. Tendríamos que imaginar a esos proto-homínidos sin ego, totalmente sumergidos en su ambiente sintiéndose parte de todos los aconteceres, y como hace un niño por instinto, imitando lo que se hace a su derredor.

La conciencia arcaica fue desarrollando el instinto humano y lo sensorio-motor, y así el instinto se convirtió en la capacidad cognitiva. El Maestro Samael nos dice que la intuición es la capacidad más elevada de nuestra conciencia y así la define: «*Percepción instintiva de las verdades cósmicas sin el proceso deprimente de la opción conceptual*». Cierto es que la percepción instintiva ha sido prácticamente socavada o enterrada por la actual percepción mental de la humanidad, y por eso hoy nos corresponde restituir e integrar en la conciencia integral todas las capacidades cognitivas que a lo largo de la Historia hemos ido formando, capa por capa, sedimento tras sedimento. La carencia de «yo» en la época arcaica nos hacía vivir como almas grupales, carentes de individualidad, por lo que la experiencia se dispersaba sin poder centrarla en uno mismo. La necesidad y el impulso que experimentamos desde el origen hasta el presente trata de reconocer el «Todo en el Uno», por lo que hay que tomar conciencia de ese «Uno». De este modo describe el estado arcaico J.G.: «*Es lo más afín, si no idéntico, al estado originario paradisíaco de la biblia. Es el tiempo en que el alma aún duerme, y por lo tanto es el tiempo sin sueño y la fusión indiferenciada del hombre y el universo*».

Rudolf Steiner nos hace ver que el niño recién nacido es como una caja de resonancia; en sus primeros días y meses su cabeza es desproporcionada con respecto a su cuerpo, hasta que el cuerpo va compensando la diferencia entre cabeza y tronco. La cabeza con su cerebro es esa caja de resonancia cuyos sentidos hacen del niño un ser perceptivo, de tal modo que todo lo que resuena en su cabeza y en su cerebro repercute en su formación.

La etapa lunar o primer septenio culmina, según Rudolf Steiner, con el cambio de dentición. El niño a esa tierna edad se limita a imitar, repitiendo lo que hacen sus semejantes y mayores. En esa etapa coparticipa instintivamente de las acciones y por tanto de la voluntad de su entorno. Es habitual que imite las acciones de su mascota; también imitará lo que hagan sus padres y hermanos, pues su «yo» aún no concibe lo propio. Quizás en los primeros tiempos de nuestra humanidad se aprendiera mediante los sentidos físicos: el oído, el olfato, el gusto, la vista, el tacto, etc., toda una enciclopedia de la madre naturaleza, y sí, quizás fuera una época paradisíaca y los primeros hombres y mujeres fueran grandes chamanes que sabían ritualizar en armonía con la naturaleza.

Capítulo 4.
La época mágica y la etapa de Mercurio

Jean Gebser nos indica que vamos viviendo mutaciones en nuestra conciencia y que en realidad esto no se trate de un impulso biológico, sino espiritual, conforme al cual la conciencia, etapa tras etapa, tiene que afrontar sus necesidades de evolucionar, desarrollarse y despertar. Si el hombre arcaico se sentía sin ego, es decir, sin identidad propia, ahora, en la etapa mágica «la reacción mágica crea ese 'otro'». Se inicia un proceso de identificación de «uno mismo» con respecto a otros; el «efecto espejo» se disuelve en pos de sentirse un individuo.

    Rudolf Steiner marca la diferencia entre la etapa lunar y la de Mercurio, entre el niño que imita y el que emula; el que imita simplemente repite mecánica e instintivamente lo que ve por su falta de ego y voluntad propia. Durante el segundo septenio, entre los siete y los catorce años de edad, sin embargo, es la época de Mercurio y el niño pretende emular, es decir «ser igual que»; esto quiere decir que tiene ya un «yo» en ciernes, un «yo» que forma también lo «otro» o el «tú». Todo avance en el crecimiento humano genera beneficios y crisis.

    Jean Gebser nos explica que «en esta estructura mágica, el hombre se desprende de la 'armonía', de la identidad con el Todo». Así se produce una primera concienciación de una conciencia que aún permanece adormecida. «Por primera vez el hombre no solo está en el mundo, sino que comienza a haber una primera existencia frente a él, aunque todavía vaporosa. Y así germina también aquella necesidad, no solo de estar en el mundo, sino de poseerlo». Mientras que la época arcaica no tiene dimensiones, nos dice J.G. que la época mágica es unidimensional, es decir, que al generar un punto interior de referencia, esto es, una «conciencia de uno mismo», aún no se ha producido una separación completa entre lo «mío y lo tuyo», «el yo y el otro», de modo que todavía permanece la unidad. Los niños en su etapa lunar igual cogen el juguete de otro niño sin tener conciencia de si es suyo o del otro. Son los padres o educadores los que se encargan de ir insistiendo en esta cuestión para que el niño distinga lo suyo y lo del otro; en la etapa mercurial, todo le es dado, sin que aún sepa con claridad si lo que posee es suyo o de la familia, ni sea consciente de cómo obtenerlo por sí mismo.

De algún modo, en la época mágica la humanidad tuvo que ver quién dominaba a quién, si la naturaleza a los humanos o los humanos a la naturaleza. La conciencia de pertenencia de los territorios, las fronteras, las naciones, etc. se fue gestando según la identidad, la personalidad, que cada grupo fue confeccionando en su lugar; pero mientras se iba confeccionando, la identidad de los grupos, la confluencia y los lazos entre tribus eran a-direccionales en estado pre-perspectivo, buscando cómo situarse en esa unidad aún no disuelta. Así, la situación del «yo» o la «conciencia de sí» ponía su énfasis o emergencia en resolver qué espacio ocupaba a la vez que se sentía intemporal, sin tener conciencia de cuánto tiempo transcurría en el dominio de sus quehaceres; esto es en un estado de conciencia intemporal. En la actualidad, a los niños en este segundo septenio se les inculca denodadamente cuánto tiempo tienen para hacer cada cosa: sus deberes, su recreo, tiempo para vestirse, comer, etc., aunque el niño vive en lo intemporal. De algún modo los hombres de la época mágica se enfrentaron a la naturaleza sin una conciencia precisa del espacio y el tiempo.

La época mágica fue una época de gran inspiración, de mucha creatividad, de poderosa imaginación. La humanidad en esa época aún se sentía plenamente unida a su entorno, la tierra era su madre, el sol su padre, la luna su abuela; existía un sentimiento de integración con el entorno, las montañas, los animales, las plantas, igual que en la época arcaica pero con la diferencia de que los humanos arcaicos simplemente se dejaban llevar por las fuerzas de la naturaleza. En cambio, los humanos mágicos quisieron empezar a gestionar la naturaleza con sus medicinas, sus conocimientos sobre las plantas, los animales; con sus herramientas desarrollaron la caza, la agricultura, la ganadería, etc. Hoy en día a los niños se les dan juguetes de plástico muy elaborados, pero ellos prefieren salir a la calle, al campo, y jugar con palos, con la tierra, con el agua, etc. pues a esa edad aún poseen esa gran empatía con la naturaleza y así se sienten integrados e inspirados; aunque en la actualidad los medios tecnológicos y sus juguetes pueden acabar con esa conexión, una evidencia de nuestra crisis actual. Los niños en el segundo septenio son inquietos, siempre andan preguntando, queriendo saber, conocer y hacer lo que hacen mamá o papá; quieren empezar a dominar su entorno, o por lo menos quieren emular a los demás, quieren tener el poderío que ven en sus padres o educadores. La humanidad mágica siente el nexo con la naturaleza al mismo tiempo que quiere emerger sobre ella.

En la época mágica se inician el arte, con la elaboración artesana de instrumentos, la pintura, la música, etc. A diferencia del arte arcaico, realizado en las cuevas y que era producto de una necesidad y se amparaba en lo materno, el arte mágico emergió de las cuevas y se fue propagando por todo lo cotidiano: instrumentos, platos, jarrones, chozas, casas, etc. El arte ha sido la demostración de la emancipación del hombre sobre sí mismo y su entorno. Así nos lo hace ver Jean Gebser en su obra.

El hombre mágico crea sus tótems, sus amuletos, sus pinturas, sus danzas sagradas, reconociendo a su familia, donde incluirá el Cielo, la Tierra, y toda la naturaleza que le rodea, que forma parte de él. Se siente unido e integrado en el Todo, pero a la vez empieza a sentirse separado de su entorno. Sus danzas, sus ritos, sus dioses totémicos le permitirán seguir sintiendo ese nexo con el «Todo» y al mismo tiempo el «Uno» empieza a diferenciarse del Todo y por ello se inicia un proceso de separación y desconexión que en estos tiempos ha llegado a sus extremos. El niño en su segundo septenio empieza a crear su propio mundo, el muchacho en su casa sobre el árbol, la niña en su casita de muñecas; se recrean en su mundo íntimo, aunque sin atreverse a emanciparse. Sus muñecos se convierten en aquello que los une y que los prepara para crear su propio mundo de cara a una futura emancipación. En cierto modo los tótems y los amuletos cumplen la misma función que los muñecos y los juguetes de los niños: sirven de nexo de unión a la vez que ayudan a los hombres en su proceso de emancipación. Pues mientras la humanidad arcaica tenía una conexión simple y llanamente directa con el Todo y con la naturaleza, el hombre mágico ya utiliza los tótems y los amuletos como intermediarios entre el «Uno» y el «Todo».

El impulso de la conciencia irá llevando al hombre mágico a cuestionarse su realidad sobre la Tierra sobre su espacio o lugar. ¿Para qué vivimos? ¿Cuál es nuestra razón de vivir? ¿Qué sucede tras la muerte? Aún no puede responder con lógica racional a estas preguntas. Solo podrá buscar algún modo mágico de interceder ante el destino, esto es ante el tiempo. Empezará a tomar conciencia de que anda y vive en un misterio respecto al cual solo puede encontrar respuestas que le sobrepasan, o lo que es lo mismo, el dominio de su «yo» aún es insuficiente ante la grandeza del «Todo», lo que le crea incertidumbre acerca de su magia, su poder, sus conocimientos. Tendrá que reconocer sus límites y mantener una empatía con el «Todo», lo que le servirá para darle tranquilidad, como un niño que ante un accidente o una tragedia sabe que solo el amparo de su familia le puede proteger, pues no entiende ni comprende los motivos y razones, ni el porqué de las cosas. Un niño puede representar una obra de teatro sobre reyes, súbditos y esclavos, pero aún no puede discernir con claridad lo que es la justicia o lo justo, lo que es la libertad, lo que significa la responsabilidad de los actos aunque se lo expliquen; solo alcanza a percibir lo que es agradable y desagradable, lo que puede causarle daño y lo que le puede beneficiar. Así, el hombre mágico en su época crítica, cuando ve que el amparo de su gran familia no siempre le aporta respuestas y seguridad se verá obligado a recurrir a una nueva conciencia de sí mismo y de su entorno.

Capítulo 5.
La época mítica y la etapa de Venus

Los mitos, las tradiciones contadas de padres a hijos, se van acumulando. Y una historia que se ha forjado necesita de la escritura, de una biblioteca que relate la historia de los tótems convertidos en monumentos. Se ha formado un plano bidimensional. Los egipcios escriben con jeroglíficos sus historias, sus relatos sobre sus experiencias y sapiencias, sobre la muerte, sobre cosmología y sobre sus antepasados que, como grandes dioses, formaron este mundo. De momento se sienten seguros con sus templos y ritos, encontrando en ellos su filiación, su identidad y procedencia.

De lo mágico a lo mítico surge una polaridad bidimensional; la naturaleza ya no es como es, sino como se relata, como se cuenta, como se escribe. El mundo se ha polarizado totalmente; lo tuyo y lo mío, lo de arriba y lo de abajo, los cielos y los infiernos, lo que es propio o inapropiado. La vida toma los cauces que el hombre propone en contraposición a lo que la naturaleza siempre determinó.

Se reescribe la Historia según el hombre la ve o la interpreta; así se escribe la biblia, en los tiempos en que los judíos fueron deportados a Babilonia.[4]

---

4 Dicen los expertos: «*En los últimos doscientos años, los biblistas en general han asumido que la biblia hebrea fue escrita y revisada principalmente en los períodos persa y helenístico* (entre los siglos V y II antes de nuestra era)». También se dice: «*La biblia hebrea —es decir, las escrituras hebreas— contiene numerosas referencias cronológicas que indican que los primeros libros se escribieron en vida de Moisés y Josué, hace tres mil quinientos años. Después se añadieron escritos de Samuel, David, Salomón y otros en el siglo*

En la biblia el hombre busca establecer su filiación, su identidad, su procedencia, su historia y con ello su modo propio de vivir. Pero ya todo se va volviendo una interpretación de lo recordado; la realidad se va asumiendo como algo propio del hombre más que de lo natural o de lo directamente divino, puesto que ya son los sacerdotes y los profetas los que intermedian entre lo divino o verdadero y el hombre. El humano mítico ha creado su propio espacio bidimensional: en un lado está lo real y en el otro su interpretación. En esta época surgen con fuerza los arquetipos del inconsciente que cita C.G. Jung (1875-1961); si en la época arcaica la conciencia experimentaba el sueño sin sueño, en la mágica se vive el sueño respecto a lo sensorio-motor y en la mítica se vive el soñar, esto es, que nuestros sedimentos psíquicos afloran como emociones e imágenes. Así, los arquetipos cumplen la misión de mantenernos conectados con una realidad subyacente. Lo real, lo natural, va alojándose en las profundidades de nuestro interior, permaneciendo allí latente, en lo que ahora llamamos el inconsciente.

La literatura se multiplica: los *Vedas*, el *Mahabharata*, el *Ramayana*, *La Ilíada*, *La Odisea*, etc. El hombre se aferra a su historia; su ego ya se siente independiente, se prepara para su emancipación, aunque aún le pesa el lastre mismo de su historia. Ahora no solo sentirá el poder de lo natural, que va pasando a lo sobrenatural, pues ve la realidad como una interpretación suya, sino que poco a poco irá siendo condicionado por su propio ego en su propia historia, editada ahora por su propio ego. Así, de lo puramente natural, es decir,

---

XI antes de Cristo. *A estos les siguieron, desde el siglo IX hasta el V antes de Cristo, libros históricos, poéticos y proféticos.*

»*A excepción del libro de Ester, se han hallado copias o fragmentos de todos estos libros bíblicos entre los rollos del mar Muerto. La datación con carbono 14 (el carbono radiactivo) y la paleografía confirman que los rollos más antiguos se escribieron entre los años 200 y 100 antes de nuestra era*».

de lo percibido de un modo simple y directo, hemos ido pasando a lo sobrenatural, ya que el ego se ha ido alejando de una percepción directa y pasando a un modo indirecto de ver la realidad. Si en la época mágica la naturaleza y el hombre compartían psiquis, en la época mítica el hombre se emancipa de la naturaleza, lo que hace que lo psíquico, antes compartido, ahora sea visto como sobrenatural. J.G. se refiere a esto indicando que el hombre mágico era pre-perspectivo y el hombre mítico es imperspectivo. Es decir, si el hombre arcaico vivía en un «Todo en Uno», y el hombre mágico en un «Uno junto al Todo», el hombre mítico plantea un «estoy en el Todo», de modo que la conciencia de sí mismo va cambiando su perspectiva. Jean Gebser nos explica el relato de Ulises, sus aventuras marítimas, como un viaje por su psiquis en el que solo se puede perder y reencontrarse quien ya tiene su identidad, su «yo» establecido dentro de sí mismo.

Las grandes aventuras mitológicas hindúes sobre Amrita, Indra, Arjuna, etc., o los greco-latinos, Teseo, Ulises, Hércules o Eneas, así como todos los restantes mitos y héroes de las diferentes culturas, plantearán esa pérdida y reencuentro del «yo» como una aventura iniciática, a semejanza de los adolescentes y jóvenes del tercer septenio, que corren bajo la influencia de Venus. Los jóvenes necesitan iniciarse, iniciar sus aventuras, aunque sea junto a sus compañeros o amigos, pues el «yo» no es aún del todo maduro; así sucede con Jasón y los argonautas en la búsqueda del «vellocino de oro». Desde la necesidad que siente de emanciparse del entorno familiar, el joven necesita aventurarse, perderse y reencontrarse. En la etapa de Venus el joven encontrará ese impulso propio de la vida, experimentará su fuerza sexual, que lo llevará por mares tormentosos donde las inquietudes, las expectativas y demás circunstancias correrán por todo su cuerpo y su mente. El pasar de lo mágico a lo mítico es semejante a la situación del niño que pasa de la infancia a la adolescencia; el joven quiere exclamar y exclama «estoy aquí ante Todo»; ya no espera que todo le sea dado, sino que buscará su experiencia por sí mismo. Si el hombre mágico vivía en el sueño, como el infante se deja llevar por su entorno, ahora el joven vive el soñar; esto es como su iniciación, en la que el joven aventurero se enfrentará a los espíritus de las montañas, cuevas, ríos, bosques, animales, etc. Mientras el humano mágico se sometía y amparaba en esos mismos espíritus de la naturaleza, ahora el joven o el humano de la época mítica se enfrenta y busca emanciparse o trascender a esos aún poderosos seres sobrenaturales que encontramos en todas las mitologías.

Del mito al logos

Dioses, semidioses, titanes, héroes, seres sobrenaturales; todas las culturas y civilizaciones los han producido de forma semejante, ya sea porque en la época mágica la identidad de los grupos, la confluencia y los lazos entre tribus eran a-direccionales y compartían sus historias, en tanto en cuanto aún no se habían formado sus identidades como culturas o civilizaciones; o por los rasgos arquetípicos comunes a todos, como nos muestra el mitólogo Joseph Campbell, (1905-1987), influenciado por C.G. Jung. La cuestión es que la civilización griega y su cultura, cuna de Occidente, concluyeron la época mítica dando pie a la siguiente época, la «época mental», pues cada época dejará vislumbres y bases para que surjan los nuevos impulsos de la conciencia en busca de la plenitud del «sí mismo».

Los griegos aprendieron de los antiguos egipcios y supieron emanciparse, perfeccionaron su arte, sobre todo la escultura, y con la escultura se acercaron a la perspectiva tridimensional, aunque en sus pinturas aún no pudieron recrear y definir lo tridimensional; eso fue porque su conciencia todavía era bidimensional. Jean Gebser explica estas cuestiones de lo artístico. Los griegos se esforzaron en trasladar lo mítico, lo que se vivía en el soñar o estado de imaginación —que entre los hombres arcaicos y mágicos era clarividencia— a un estado mental o racional. Los griegos encabezaron ese impulso de la conciencia para explicar su identidad, su «yo»; de ahí su famoso *Homo nosce te Ipsum*, que se encuentra inscrito en el frontispicio de Templo de Delfos; «*Hombre, conócete a ti mismo*» exclamaron. Ya los griegos tuvieron que desentrañar tanto lo natural como lo sobrenatural, el «yo». Podemos decir que tuvieron que pasar de lo sobrenatural a lo metafísico. Así, Aristóteles planteaba la metafísica como una respuesta para y por lo ontológico y lo teológico. Las Matemáticas, la Física, y sobre todo la Geometría, fueron una introducción a la conciencia interior; lo sobrenatural, los seres divinos o las fuerzas de la naturaleza, sus cuatro elementos, todo tenía una «razón de ser» pues todo formaba parte de su «yo»; desde allí veía el hombre el mundo. Todo lo sobrenatural o abstracto, lo invisible y lo ajeno a la clarividencia, se presentaba como un soñar que debía ser comprendido, dominado y trascendido por la conciencia; amanecían nuevos retos para la conciencia humana. Ya no bastaba con reconocer la filiación, la identidad y la procedencia histórica; se necesitaba una respuesta a ¿quién soy? junto al ¿de dónde vengo? y ¿a dónde voy? Estas preguntas palpitan en la sangre del adolescente, que buscará un rumbo, dónde ir, qué puede hacer, cuál es su lugar en este mundo. Quizás se pierda y no pueda encontrar respuestas, ni estados interiores que le den opción a encontrar su destino. Es una época difícil, donde uno solo debe bastarse a sí mismo para saber qué, cómo, cuándo, quién, etc. La democracia surge en esa época para que cada cual asuma su responsa-

bilidad. Pues en la antigua Grecia, todos, de forma rotativa y obligatoria, debían ocupar los puestos de administrativos del Estado. Así que ese joven inquieto quiere pensar por sí mismo, ser reflexivo y capaz de situarse en el lugar que le corresponde. Es momento de que el «Hijo del Hombre sea glorificado».[5]
¿Por qué esperó Jesús la llegada de los griegos? ¿Para que él como «Hijo del Hombre» fuera glorificado? Para los gnósticos cristianos y griegos, Cristo era la encarnación del Verbo, lo que equivale al que piensa, habla y hace. Para el gnosticismo primitivo y clásico, Cristo es: «el Camino, la verdad y la vida», o lo que vendría a ser lo mismo, el *«Homo nosce te ipsum»*, *«hombre, conócete a ti mismo»*, de los griegos. Lamentablemente, solo unos pocos son capaces de incorporarse a los nuevos impulsos o mutaciones —a las que se refiere Jean Gebser— de la conciencia. Pablo de Tarso fue uno de ellos, y junto a Pablo otros vieron a Cristo como una nueva y potente luz, que como se cita, dejó ciego a Pablo en su conversión camino de Damasco, estableciendo con claridad que Cristo dijo: *«Yo Soy la luz del mundo»*. Ese «Yo Soy» es la evidencia del impulso consciente de la «seidad» (palabra utilizada por los teósofos para referirse al «*Sat*» hindú, el ser incognoscible y absoluto), esa seidad que nos deslumbra.

La época mítica alcanzó su cénit en la antigua civilización griega, y con la llegada del cristianismo se podría haber dado un paso adelante a la siguiente etapa mental. Pero hubo un receso, pues las crisis nos hacen madurar. El retroceso duró hasta el Renacimiento; entretanto, en la

---

5   Así lo dice el evangelio de Juan, sin que hasta la fecha se planteara su sentido: «[20]*Y había unos griegos entre los que subían a adorar en la fiesta;* [21]*Estos, pues, fueron a Felipe, que era de Betsaida de Galilea, y le rogaban, diciendo: 'Señor, queremos ver a Jesús'.*[22]*Felipe fue y se lo dijo a Andrés; Andrés y Felipe fueron y se lo dijeron a Jesús.* [23]*Jesús les respondió, diciendo: 'Ha llegado la hora para que el Hijo del Hombre sea glorificado'»*. Juan:20-23.

Edad Media la luz solo pudo brillar en la oscuridad. Toda crisis provoca sus daños; por un lado el ego se hace fuerte, aún sin poder salir de su oscuridad o ignorancia; por otro lado, la autoconciencia de uno mismo nos puede aportar gran luz. En definitiva, durante toda la Historia de la humanidad siempre hubo algunos hombres y mujeres que sobresalieron y se apuntaron a esas mutaciones de la conciencia, mientras que el resto asumió la mutación sin tomar conciencia del cambio, ni de sí mismos. Siempre son unos pocos los que son capaces de vislumbrar claramente lo que son «ellos mismos y sus semejantes».

Capítulo 6.
Época mental y etapa solar

La «época mental» se asomó y precipitó en el Renacimiento, nos indica J. Gesber. Leonardo da Vinci fue uno de sus más preclaros representantes; él supo entre otras muchas cosas plasmar la perspectiva tridimensional de Euclides en sus obras pictóricas. La revolución del Renacimiento dio pie a nuestro actual modo mental de ver el mundo, aunque hoy ya entramos en la crisis de la época mental. Después del Renacimiento vinieron la Ilustración, la Revolución Industrial, la Revolución Francesa, con todos sus actores, pensadores, filósofos, artistas, místicos, etc. En esa época se produjeron un sinfín de aconteceres, cambios, revoluciones políticas, sociales, económicas, artísticas. Pareciera que durante esos últimos cinco siglos el mundo hubiera dado un vuelco en todos los ámbitos de la vida, que hubiéramos conquistado la Tierra entera, sus mares, sus más altas montañas, sus bosques, los polos terrestres, etc.

La perspectiva mental de Occidente ha conquistado a todas las demás culturas; hemos conseguido innumerables logros, prácticamente tenemos a la naturaleza sometida. Es obvio que toda esta apretada agenda de aconteceres corresponde a la época solar, al cuarto septenio, que es un triple septenio que va desde los veintiuno a los cuarenta y dos años, según Rudolf Steiner. En esta etapa el joven pretende establecerse, madurar, hacerse un sitio. Su ego se define; ya sabe qué puede y qué quiere hacer y se esforzará decididamente por obtener su lugar, su casa, su familia, su trabajo. Su sol, su ego, tendrá que brillar y conquistar su propio espacio.

La época mental nos ha traído innumerables cambios que sería imposible comentar en este texto. Pero ¿qué cambios fundamentales han sucedido en la conciencia humana desde la época mítica a la actualidad? En la época mítica se presentaba una polaridad bidimensional; ahora esa polaridad se convierte en una dualidad, esto es, en una separación clara entre el «yo» y el resto. La unidad primordial se rompe; ya se supone que no somos dependientes de nada ni de nadie, que somos completamente autónomos. Todas las fuerzas de la naturaleza y de nuestra propia creación han sido superadas; ya no hay nada que temer, o eso parece. El riesgo de la dualidad es llevar los polos a sus extremos, pues la polaridad mantiene un nexo con la unidad, aunque sea arquetípicamente, y en esa unidad las musas, los héroes, dioses, hadas, los elementales de los bosques, silfos, ondinas, gnomos, salamandras, etc., aún sobreviven. Pero en lo mental y lo dual se pierden como en un sueño; todo quedará como sedimentos y ya ni los sueños entrarán en consideración. Tuvo que surgir Sigmund Freud con su teoría del inconsciente y el psicoanálisis para rescatar el mundo de los sueños, y C.G. Jung planteó posteriormente una visión del inconsciente colectivo donde surgirían los arquetipos, es decir, todo aquello que nos formó capa tras capa, sedimento tras sedimento.

Carol Gilligan, filosofa y psicóloga estadounidense[6], corrige a su profesor L. Kohlberg en lo relativo a la educación moral de niños y niñas, demostrando que la polaridad subsiste, y que lo femenino y lo masculino tienen su sentido en el origen y en el presente. Cita Ken Wilber a Carol Gilligan diciendo: «*también matiza (C. Gilligan) que los hombres y mujeres avanzan a través de esos estadios (estadios jerárquicos del desarrollo) en base a una lógica diferente,*

---

6 En su libro *In a different voice: psychological theory and women's development*. Harvard University press, Cambridge, Ma. 1982.

es decir, se desarrollan 'con una voz diferente'. La lógica masculina (la voz de los hombres) suele centrarse en la autonomía, la justicia y los derechos, mientras que la lógica femenina (la voz de las mujeres) gira en torno a la relación, el respeto y la responsabilidad». Este ejemplo pone de manifiesto la diferencia de la polaridad y el dualismo; la polaridad se encuentra en toda la naturaleza y en toda creación, mientras que la dualidad ha llegado a romper los lazos de los polos, provocando una herejía separatista, como lo expresa el Maestro Samael: «*la herejía de la separatividad, que es la peor de las herejías*». Un «yo» fuerte y robusto de la época mental se puede convertir en algo bastante peligroso para el equilibrio y la armonía con el «Todo». El mismo Jean Gebser nos advierte de este problema, anunciando el gran peligro que supone por ejemplo la fisión nuclear; hemos logrado un gran dominio sobre las potencias de la naturaleza pero a costa de arriesgar nuestras propias vidas, a causa de nuestro consumado ego y orgullo.

La crisis de lo mental ha llegado y nos está agobiando. Si al principio en la época mítica los humanos se sentían seguros con sus monumentos, templos, e historias (mitos, libros sagrados, etc.), posteriormente entraron en crisis pues no fueron capaces de asumir la necesidad de llevar a cabo un ejercicio de autoconciencia para resolver sus enigmas. En la época mental creíamos que la nueva ciencia empírica y positivista nos podría sacar de la ignorancia, pero es obvio que no ha sido así y por eso actualmente vivimos una grave crisis que no sabemos dónde desembocará. A Louis Pasteur (1822-1895), químico y bacteriólogo, siempre lo cuestionaban por que hablara del alma y le decían «*hemos abierto cientos de cadáveres y nunca vimos el alma*». Entonces Louis Pasteur respondió: «*cuando mueran sus madres, abran su cadáver y busquen todo el amor que sus madres les dieron*». La ciencia nos ha dado muchas respuestas, pero no le ha sido posible responder a lo esencial: ¿quién soy? y ¿cuál es mi lugar o mi quehacer en este mundo? La verdad es que la humanidad sigue perdida; incluso parece que ha perdido su norte. Nos encontramos en un momento en el que el túnel del destino se muestra completamente oscuro, no se ve una la luz al final. Como nos dice Jean Gebser, «*debemos trascender lo tridimensional, el tiempo y la dualidad, para alcanzar un nuevo estado integral, diáfano, y atemporal*». Sin duda la crisis contemporánea es tan fuerte como nuestro ego. La ciencia, la física, nos ha mostrado que el mundo y el universo son mucho más complejos de lo que pensábamos y que la realidad traspasa las tres dimensiones de Euclides; el tiempo que quisimos controlar ahora queda también pendiente de solucionar, porque el tiempo mueve la mecánica de nuestro vivir, sobre todo en la actualidad. La época mental ha pretendido controlar y dominar el tiempo mediante el cálculo, de modo que ha adquirido un gran valor, pero la inquietud es que nos sigue desbordando; el propio control del tiempo nos ha hecho prisioneros de los horarios, las prisas, las demoras, los atrasos, los adelantos, haciéndonos esclavos, sin que hayamos llegado a comprender realmente qué es. La hipergeometría, la metageometría, los nuevos modelos de ver el espacio, que tratan de un espacio multidimensional, han incluido en una cuarta dimensión al tiempo, encajándolo con el espacio y el movimiento. Aún existe controversia sobre la cuarta dimensión; la unión tiempo y espacio es semejante a la unión de la materia o masa con la energía. Pero si la materia y la energía han podido ser controladas o manejadas de algún modo, en el caso del tiempo esto todavía no ha sido posible. El tiempo se sigue viendo como un fluir siempre hacia delante, aunque teóricamente ya se sabe que el tiempo y el transcurrir del mismo dependen del espacio, con lo que no fluye siempre en una constante, de modo que el tiempo puede transcurrir a mayor o menor velocidad. En definitiva, los nuevos modelos y parámetros de la física cuántica o teórica han dado un vuelco a nuestra forma de ver el mundo. Pero lo que nos queda pendiente ahora es responder a la pregunta de cómo la conciencia puede trascender sus límites y condicionamientos.

La dualidad actual ha creado unos límites difíciles de superar; estamos demasiados condicionados por los extremos y nos resulta difícil conciliar los polos opuestos y complementarios, pues cuanto más fuerte es el «yo», más fuerte hace al «tú», y la separación entre el «tú» y el «yo» se hace también mayor. El «yo» nos separa de todo el resto y, por tanto, superar la dualidad implica superar nuestro ego.

Capítulo 7.
Conciencia integral, más allá del «yo»

Jean Gebser se refiere a la nueva mutación de la conciencia con el término «conciencia integral», libre de espacio y tiempo, tetradimensional. Ya el Maestro Eckhart se refería «al ahora eterno y al ahora del tiempo» reconociendo cómo la cuestión del tiempo condicionaba nuestra perspectiva. Es obvio que a una conciencia condicionada por lo mental le resulta difícil asumir una perspectiva diferente, una «aperspectiva», donde la claridad o lo diáfano sean las condiciones. Tales condiciones serán libres del «yo dual», dando paso a lo integral, a la unión, a la aceptación de un «Todo», donde cada sedimento o estrato de nuestra conciencia deberá aflorar para desvelarnos qué somos y de dónde venimos, y por tanto hacia dónde vamos, asumiendo nuestro origen y el trayecto hecho en el «ahora presente».

La etapa solar de nuestras vidas «lo parece todo», es como nuestro centro; es un septenio triple que va desde los veintiún a los cuarenta y dos años. Parece que todo debe girar en torno a nuestro sol, en torno a nuestro ego. Pero lo cierto es que la famosa crisis de los cuarenta nos hará ver las cosas de un modo diferente. ¿Qué es mi «yo», o quién soy en realidad? ¿qué he hecho en mi vida? ¿todo lo que he hecho ha sido correcto, adecuado, llevado a cabo por iniciativa propia, o ha sido efectuado por condicionamiento familiar, social, etc.? Parece que terminada la etapa solar el ego se tambalea, como obligándonos a revisar nuestro trayecto y aprovechar lo que nos queda por vivir como personas aún jóvenes. Entramos en el quinto septenio de Marte, que va desde los cuarenta y dos a los cuarenta y nueve años. Pero tras la década de los cuarenta vendrá la etapa de Júpiter (de los cuarenta y nueve a los cincuenta y seis años), para continuar con el septenio de Saturno nuestra vejez (de los cincuenta y seis en adelante), de modo que en nuestra ancianidad nos reencontremos con nuestro origen lunar.

A nuestro modo de ver, nuestra conciencia individual se vincula con la conciencia colectiva del siguiente modo:
1. Etapa lunar (de 0 a 7 años)–Época arcaica. «*Uno en el Todo*»
2. Etapa de Mercurio (de 7 a 14 años)–Época mágica. «*Uno junto al Todo*»
3. Etapa de Venus (de 14 a 21 años)–Época mítica. «*Estoy aquí ante el Todo*»
4. Etapa solar (de 21 a 42 años)–Época mental. «*Me situé ante el Todo*»
5. Etapa de Marte (de 42 a 49 años)–Época transracional. «*Me reviso ante el Todo*»
6. Etapa de Júpiter (de 49 a 56 años)–Época arracional. «*Me vacío ante el Todo*»
7. Etapa de Saturno (de 56 años en adelante)–Época integral. «*Me integro en el Todo*»

Podemos decir que lo transracional y lo arracional forman parte de lo integral. Esta visión es un resumen de los septenios de Rudolf Steiner integrado junto con todo el largo historial desarrollado por Jean Gebser sobre el trayecto y las mutaciones de nuestra conciencia. Como planteó el jesuita P. Teilhard con su visión Omega, toda nuestra trayectoria tiene una finalidad que incluye una conciencia siempre presente desde nuestros orígenes hasta hoy y nuestro final; en realidad hay un Alfa y un Omega. Descubrir la presencia de nuestra conciencia es nuestro fin, nuestro objetivo. No importa tanto qué o quién tenga mayor o menor razón, puesto que la razón ya sabemos que siempre tendrá sus limites. Como decía el filósofo y cantautor Facundo Cabral (1937-2011): «*podremos averiguar cuándo se inició el Big Bang, pero no quién lo causó*». Reconocer quién fue nuestro testigo presencial desde los inicios hasta el presente constituye la prioridad de nuestra conciencia.

Jean Gebser en su obra nos da indicios de que ya andamos entrando en una nueva mutación hacia la conciencia integral. Cita a Pablo Picasso (1881-1973) y su nueva forma de pintar sus cuadros conforme a la cual las formas se desencajan del espacio para mostrarse de frente, por los lados y por detrás, perdiendo esa perspectiva frontal o dual entre el que ve y la pintura, lo que puede invitar a ver la pintura fuera de la dualidad cuadro-observador, dejando que el observador pueda abrirse sin prejuicios a lo que ve. J.G. nos da variados ejemplos sobre la nueva mutación de la conciencia que se está dando en la arquitectura, el arte, la filosofía y la ciencia.

«*No existe ninguna circunstancia de la que seamos conscientes que nos permita saltarnos la secuencia de los estadios de cualquier línea –porque los estadios no pueden ser saltados–, pero es mucha la investigación que ha demostrado que, cuanto más estados meditativos o contemplativos de conciencia experimente un individuo, más rápido se desarrolla a través de los estadios de conciencia*»,[7] como nos dice Ken Wilber.

Sin duda, la autoconciencia deberá hacer su camino para acceder a lo integral, pasando por diferentes etapas como la transracional, la arracional, o la meta-transracional, y transportarnos por los diferentes niveles de conciencia que cita Ken Wilber y que él va relacionando con los colores de arcoíris, desde el infrarrojo, al magenta, rojo, ámbar, naran-

---

7 Libro *Espiritualidad integral*.

ja, verde, esmeralda, turquesa, añil, violeta, ultravioleta y la clara luz.

Todos los esfuerzos individuales y colectivos que se realicen para tomar conciencia de uno mismo serán pocos, y no importará cuán acertados sean, pues tenemos que ver el provecho que nos ofrece cada trabajo o esfuerzo en pos de alcanzar una conciencia integral integradora. Porque pasar de lo etnocéntrico a lo mundicéntrico hoy es una necesidad.

Dice Ken Wilber: «*En el gran despliegue evolutivo que conduce desde los niveles egocéntricos hasta los etnocéntricos, mundicéntricos, y otros todavía más elevados, el 70% de la población mundial aún no ha conseguido estabilizar los niveles mundicéntricos y posconvencionales. Independientemente de que se trate de los baptistas fundamentalistas sureños de Georgia, de los budistas Shin de Kioto, de los musulmanes de Al Qaeda en Irán o de los marxistas fundamentalistas chinos, la inmensa mayoría de la población del mundo se encuentra en un nivel de desarrollo vertical que bien podríamos calificar de nazi.*

»*Y el lector no debería considerar esto como un ataque a lo políticamente correcto, porque les aseguro que estoy hablando de mis mejores amigos y de gran parte de mi familia (ciertamente de todos mis primos)*».

No es que Ken Wilber quiera decir que el 70% de la población sea ideológica o políticamente nazi, sino que estamos en un bajo estado de conciencia y en condiciones semejantes a aquellas en las que el pueblo alemán se vio cuando el surgimiento de los nazis; todo ello debido al declive de la etapa mental. El hecho de que busquemos el apoyo de determinados movimientos, ya sean políticos, religiosos o de cualquier índole, con la intención de sentirnos apoyados por el grupo, anulando nuestra conciencia íntima en pos de tal o cual grupo, demuestra nuestro estancamiento. Es común que cuando no se encuentra una salida adecuada a la conciencia retrocedamos amparándonos en estados inferiores e incorrectos, pues no saliendo de la crisis, recaemos en ellos con mayor intensidad, agravando la situación.

La meditación como ejercicio de autoconciencia es muy válida. Pero la meditación no solo debe servirnos para relajarnos, sino como una herramienta para profundizar en nosotros, para ir examinando nuestros propios estados de conciencia, que deberán avanzar hasta reconocer plenamente al testigo siempre presente desde nuestros orígenes. Poder ejercer esa revisión de «nosotros mismos», comprender nuestro ego, saber qué y cómo hemos formado nuestro querido «yo», es necesario para poder seguir avanzando, tanto en lo individual como en lo colectivo. Ese «me reviso ante todo» que nos acontece en la época de Marte, en la década de los cuarenta, requiere profundidad, reflexión, meditación y contemplación; esto nos podrá descubrir nuestra realidad, aquello que hemos forjado. Este es el «Hijo del Hombre», ese hijo del hombre que ahora sí o sí debe glorificarse, o caer en una crisis más que difícil de superar. Y no nos estamos refiriendo a superar una crisis personal, una de las tantas que se viven hoy en día, que intentamos superar con el solo fin de seguir con nuestro rol social; no nos referimos a una terapia personal de superación para poder mantenernos o superar nuestro «*me sitúo ante el Todo*». No se trata de una mera cuestión de superación personal, de una readaptación al conocido y caduco estado mental.

Cierto es que nos «situamos ante el Todo», que hemos hecho frente a la inmensidad del universo. Si cuando se inició la era mental en el Renacimiento, Cristóbal Colon descubrió América y el mundo se expandió como jamás antes se había concebido, ahora tenemos frente a nosotros la conquista del espacio. Pero es necesario salirnos de nuestro propio mundo, cambiar nuestra perspectiva; ya no se trata de cuantificar, es decir, de expresar magnitudes (lo medible) mediante el cálculo, saber cuántas estrellas y planetas existen y las distancias de nuestro universo; eso no nos descubrirá la realidad o naturaleza del mismo. No se trata de seguir cosificando todo lo que percibimos a nuestro alrededor, midiéndolo, pesándolo, numerándolo, etc.; se trata de hacer transparente lo opaco, es decir, de sacar la luz de las tinieblas, hacer visible o reconocer a aquel que escucha, al que ve, al que observa, a nuestro testigo siempre presente desde los orígenes. Eso innombrable que es imposible de medir, sospesar o cuantificar.

El tiempo lo hemos cuantificado, medido, con relojes de arena, mecánicos, digitales. Los griegos ya reflexionaron sobre el tiempo, pero en la actualidad aún no hemos descubierto la plena realidad del «tiempo». Es hora de comprender que la cuarta dimensión, o tiempo, como el dios «Cronos» forma parte de lo observable pero es trascendido por el observador. Nuestra conciencia debe hacer plena la conciencia de «sí misma», observar el «yo» que hemos creado y conocerlo desde sus orígenes, y en definitiva, reconocer al «Hijo del Hombre».

La meditación debe servirnos, no solo para observar lo observable física y psíquicamente, sino también para reconocer al observador. Todas las tradiciones de la meditación, tanto en Occidente como en Oriente, conocen las técnicas y métodos para profundizar en nuestro «ser» y poder reconocer al «Hijo del Hombre» que, conviviendo con lo temporal, trasciende lo transitorio. La cuarta dimensión está vinculada a un «sentido espacial» que no se ocupa solo de las tres dimensiones de Euclides, sino que tendrá que verificar nuestro espacio interior o lo psíquico hasta poder reconocer a quién es el que reconoce. «Yo Soy el que soy». Toda tradición en meditación concluye en reconocer ese «Yo Soy».

La crisis de los «cuarenta», a semejanza de la crisis de la época mental actual, consiste en revisar nuestro «yo».

Capítulo 8.
El tiempo se agota

Después de la etapa de Marte siguen Júpiter y Saturno. Tras del paso por el árido Marte, donde por un lado pretendemos afianzar nuestra posición o rol, que nos ha identificado ante los demás y ante el mismo «Todo», y por otro nos ha hecho revisar nuestro «yo» cuestionándolo y generando una crisis que nos induzca a un cambio o transformación en nuestra vida, nos llegará el momento de reconocer nuestros dominios; ahí llega la etapa de Júpiter, el padre de los dioses, que nos impulsa a seguir buscando el «Yo Soy el que soy».

Con todo lo conseguido y acumulado en nuestra historia personal y colectiva tenemos dos frentes: uno, seguir dejándonos llevar por el ego porque no encontremos otra opción, o reconocer la realidad de nuestro «yo», que habremos revisado, diseccionado, comprendido en su propia naturaleza, lo cual nos ofrecerá sabiduría y una nueva realidad del propio vivir. La segunda opción es mejor, pues la primera nos condena a asumir nuestro triste destino, que será morir sin resurrección, esto es afrontar la vejez y el paso del tiempo que no perdona sin dejar de ser el «yo» que aún no sé qué y quién es; mientras que la segunda nos lleva a saber morir en nuestro mismo «yo» para resucitar en un auténtico «Yo Soy».

Aquel humano arcaico no podía reconocer su «yo» siendo «Uno en el Todo». Cronos, el tiempo, no podía hacer mella en él, pues aún se estaba gestando el nacer. Después el hombre mágico se sintió «Uno junto al Todo». Entonces nació el «yo». Pero se sentía intemporal; era como el infante que no puede reconocer el desgaste que deja el paso del tiempo. De cerca vino el hombre mítico: «estoy aquí ante el Todo», más consciente de su «yo», pues ya se tenía una historia que narrar en los libros sagrados; así, según J.G., lo tempórico-natural ya afectaba a la conciencia de los hombres. Dicen algunos egiptólogos que los egipcios vivían más para la muerte que para la vida, es decir, el hombre mítico ya era plenamente consciente de que su existir tenía un final; la cuestión era saber si su «yo» también tenía un fin. Entonces descubrieron a un dios de la resurrección, Osiris. Posteriormente los griegos antiguos también hallaron a Dionisio, su dios de la resurrección, como también Jesucristo fue resucitado.

Posteriormente, en la era mental fue fortaleciéndose el «yo», que decía: «me sitúo ante el Todo». Por desgracia, tan fuerte y sabio se creía el «yo» humano que se hizo independiente, se emancipó, se quiso liberar de la naturaleza para poder dominarla y conquistarla, alejándose a su vez de Dios y de los dioses. Pero el hombre actual se ha dado cuenta de que la razón mental también es limitada, como muestra Immanuel Kant (1724-1804), filósofo de la Ilustración, en su obra *Crítica de la razón pura*, siendo actualmente la mayor crisis el sometimiento al tiempo, pues el «yo» se desconoce, se ignora, y ante el paso del tiempo y frente a la muerte no le queda otra opción que la resignación, puesto que en esta actual crisis de la conciencia humana no hay un dios de la resurrección que nos dé luz. Ni siquiera Cristo ha sido comprendido por sus seguidores, por lo que la angustia del existir sin remedio o solución a nuestro final está desmontando la época mental actual.

La humanidad está ahora pasando por el sentir del «me reviso ante el Todo». Parece que o nos renovamos o nos agotamos. La etapa de Marte es una guerra, una convulsión, un enfrentarse a uno mismo, una lucha donde la vida, la muerte y la resurrección asoman la cabeza. Cuenta Jean Gebser cómo Atenea (diosa de la sabiduría, la guerra y el arte) surge de la cabeza de su padre Zeus, simbolizando el emerger de lo mental entre los antiguos griegos, que aún vivían en su etapa mítica. Ahora sobre nuestras cabezas solo se asoma una opción: «me vacío ante el Todo». Esta opción nos dará a conocer nuestra verdadera realidad o naturaleza, dando paso a que nos enfrentemos a nuestro fin. ¿Pero cómo podemos enfrentarnos a la muerte sin conocerla?

> *1 Corintios 15:55-57*
> *55 ¿Dónde está, oh muerte, tu aguijón?*
> *¿Dónde, oh sepulcro, tu victoria?*
> *56 ya que el aguijón de la muerte es el pecado, y el poder del pecado, la ley.*
> Reina-Valera 1960 (RVR1960)

Enfrentarse a la muerte sin conocerla previamente es una batalla perdida. ¿Pero se puede conocer la muerte desde la perspectiva mental, tridimensional, dualística? Queda claro que no. Por tanto, es necesario abrir la conciencia integral, aperspectiva, al «sentido espacial», que nos permitirá rescatar la clarividencia y poder ver nuestro «yo» desde su origen hasta el presente tal cual es. La nueva conciencia integral necesita apertura, una apertura incondicional, necesita emanciparse de la dualidad mental que tanto nos ha condicionado. El Maestro Eckhart trabajó en la contemplación no-dual. Así, oraba diciendo: «Dios, líbrame de dios». Librarse de la dualidad es liberarse de aquello que hemos creado como visión del mundo. El ego ha creado un mundo ilusorio, un mundo alejado de la realidad y de su verdad, como dijo Calderón de la Barca (1600-1681) en *La vida es sueño* refiriéndose a la libertad del ser humano para configurar su vida sin ceder a un supuesto destino. Ciertamente co-creamos este mundo, pero alejándonos demasiado de la realidad perenne con nuestro obstinado ego, que pretende saber y dominarlo todo.

> *1 Corintios 3:18-23*
> «¹⁸ *Nadie se engañe a sí mismo; si alguno entre vosotros se cree sabio en este siglo, hágase ignorante, para que llegue a ser sabio*».
> Reina-Valera 1960 (RVR1960)

Elaine Pagels (1943) escribió el libro *El Pablo gnóstico*, donde expone la teoría de que Pablo de Tarso era un gnóstico. Las palabras de Pablo de Tarso «*hágase ignorante, para que llegue a ser sabio*» revelan, en términos psicológicos, el espacio vacío que creamos al retirar el saber caduco (porque ya no pertenece a este siglo, a esta época) del ego. Con el sentido espacial generamos un vacío, un espacio diáfano, donde una nueva conciencia integradora podrá arrojar nueva luz. Parecidas son las palabras de Jesucristo cuando nos dice: «*Ni nadie echa vino nuevo en odres viejos; de otra manera, el vino nuevo rompe los odres, y se derrama el vino, y los odres se pierden; mas el vino nuevo en odres nuevos se ha de echar*». (Marcos 2:22). Efectivamente, la conciencia integral necesita odres nuevos, un nuevo espacio, con su correspondiente «sentido espacial» abierto a lo nuevo. Por tanto, hay que soltar lo caduco de la era mental, pues si seguimos viendo el tiempo como lo ve lo mental, acabaremos en una muerte sometida al tiempo del dios Cronos o de Saturno.

Pasar de la etapa de Júpiter —«me vacío ante el Todo»—, a la etapa de Saturno —«me integro en el Todo»—, es una consecuencia del vacío previo existente.

Cuando uno se vacía de sí mismo, se encuentra a sí mismo con plena claridad. Ken Wilber les señala a los postmodernistas haber recaído en el etnocentrismo al creer que su visión es la mejor o más correcta, descartando las anteriores u otras. Se retrocede así ante lo mundicéntrico, siendo esta última visión más acorde con la conciencia integral. No se trata entonces, como advierten Jean Gebser y Ken Wilber, de rechazar otros estados anteriores, sino de integrarlos y darles el uso que esa nueva luz, ese nuevo espacio o sentido espacial, nos aporta. Esa es la gracia de lo vacío: que no tiene prejuicios, ni preconceptos acerca de la «nueva realidad», y digo y resalto «nueva realidad» porque la realidad es siempre nueva; la realidad y la verdad relativa siempre están actualizadas. Como dice el Maestro Samael «*la verdad es lo desconocido de momento en momento*». Hay que mantener la mente vacía y despejada para estar listos a cada instante a ver la verdad.

La razón mental va a querer razones convincentes sobre cómo trascender el tiempo y cómo evitar el aguijón de la muerte. Pero tal convicción pasará a ser una verificación al vivir la experiencia del vacío. Nagarjuna (150 d.c.-250), creador de la escuela Madhyamaka (vía del medio), ya nos dejó claramente expuesta la idea del «vacío», concretado en el *Sutra del corazón* y que se sintetiza en esta parte del sutra: «*la forma equivale al vacío; el vacío equivale a la forma; la forma es precisamente el vacío, el vacío es precisamente la forma*». La escuela de Nagarjuna pretendía superar el dualismo de la mente y experimentar el vacío. Más tarde, Bodidharma llevaría estas enseñanzas a China, creando el budismo chan, que derivó posteriormente en el zen japonés, siendo el budismo zen muy bien acogido en Occidente por esa necesidad latente de trascender el dualismo del ego. De modo que mientras no demos un paso hacia la conciencia integral no podremos resolver lo que la convicción racional-mental no puede solucionar.

La conciencia integral, con su visión diáfana, vacía, abierta, se centra en el ahora eterno. Como nos dice el Maestro Eckhart: *si haces desaparecer el ahora del tiempo, entonces estás en todas partes y tienes todo el tiempo*». El ahora eterno se encuentra en la «luz clara» o la «Madre luz clara» que se cita en el *Libro tibetano de los muertos*, el *Bardo Todol*, que dice así: «*Noble hijo (se dice el nombre del difunto), ¡escucha! Ahora la luminosidad, la clara luz de la verdad en sí, perfectamente pura, va a aparecerse a ti. Debes reconocerla. Oh noble hijo, tu conocimiento actual es esencia, es precisamente esta vacuidad deslumbrante*».

Las enseñanzas de Padmasambhava (S. VIII), que fue quien escribió el *Bardo Todol* e introdujo el budismo tántrico en el Tíbet, insisten en esa percepción de la luz clara en vida, para que el difunto pueda reconocer la luminosidad del vacío, más allá de su cuerpo y mente ordinaria. Lo que nos enseña Padmasambhava es a morir antes de que sobrevenga la muerte física; se trata de conocer la muerte antes de que aparezca. Se trata de hacer desaparecer el ahora del tiempo, con sus formas relativas y por tanto siempre vacías, por el ahora eterno. Dicen también los budistas que hay cuatro tiempos: el tiempo pasado, el presente y el futuro, más el cuarto tiempo, que es el presente no condicionado ni por el pasado, ni por el futuro. Ese cuarto tiempo es la cuarta dimensión, que reconoceremos con el «sentido espacial».

El dios Zeus debe derrocar a su progenitor, el dios Cronos, para asumir la potestad y el gobierno, esto es que, Zeus-Júpiter debe vencer el tiempo de Cronos-Saturno. No nos queda otro remedio que encontrar a nuestro dios de la resurrección matando a la propia muerte que siempre anda con su cronómetro recordándonos nuestro fin, que en realidad es terminar con el fin. Matar la muerte es matar el tiempo lineal, el tiempo del cronómetro con su principio y su final. Actualmente, el «yo», en su etapa mental, está completamente condicionado por el tiempo lineal, y de ahí su angustia. Estamos hablando de generar un estado de conciencia nuevo e integrador que sea capaz de superar la etapa mental y sus condicionamientos y límites.

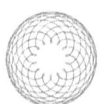

Capítulo 9.
Estados de conciencia

Cuando en cualquier aspecto humano, ya concierna al saber o al ser, se llega a un determinado límite o estancamiento, se genera una crisis. Si tal crisis no encuentra el modo acertado de superar sus límites y condicionamientos, se vivirá un retroceso, es decir, se volverá a caer en los mismos condicionamientos y límites que generaron la crisis. En toda postcrisis no superada es común escuchar: «*ya estamos saliendo de la crisis*», «*ya tocamos fondo y ya salimos*», etc. cuando en realidad tal receso y retroceso no es más que recaer en las mismas condiciones y limitaciones, lo que volverá a generar una nueva crisis. Estos ciclos críticos se repiten cada vez de forma más rápida y de modo más intenso. Y si finalmente no se supera la crisis entonces llega la hecatombe final. Estamos describiendo lo que la humanidad actual está viviendo; actualmente da la sensación de que nos falta tiempo para todo y que los problemas corren más deprisa de lo que nosotros somos capaces de resolverlos; nos abruman los caducos sistemas económicos, sociales, espirituales, etc. siendo incapaces de momento de encontrar una salida y recaemos una y otra vez en las mismas visiones, limitaciones y condiciones que nos han llevado a nuestra gran crisis humanista actual.

La investigación sobre nuevos estados de conciencia es una necesidad aunque sea algo que en principio solo buscan aquellos que anhelan avanzar en el descubrimiento de sí mismos. Santa Teresa de Jesús nos hablaba de las «estancias del ser» en su escrito *Castillo interior*. También Sri Aurobindo nos explica los diferentes niveles de conciencia: físico, vital, emocional, mente, sobre-mente, supra-mente, etc. La cábala y su árbol de la vida siempre fueron una representación de los diferentes niveles del ser con sus tres triángulos: mágico, ético y el logos. En Yoga, cada *kosha* (que en sánscrito significa envoltura) representa un nivel de conciencia: físico, vital, mental, de conocimiento y gozo. La escuela del «cuarto camino» del Maestro Gurdjieff nos habla de los cuatro estados de conciencia: sueño, vigilia, auto-conciencia y conciencia objetiva. Así, cada tradición e investigador en diferentes tiempos, épocas y culturas se ha interesado por la comprensión de la conciencia y sus niveles.

En esta investigación de la conciencia queremos destacar a los autores Jean Gebser y Ken Wilber, el primero por su obra acerca de los efectos y cambios de la conciencia a lo largo de la Historia, y el segundo, Ken Wilber, por su descomunal obra integral, que incluye una clasificación ordenada de los diferentes tipos psicológicos en base a las estructuras de la conciencia: pleromático, urobórico, axial, pránico, rol-imagen, cognición social, ego maduro, bio-social, centauro, sutil, causal, absoluto, etc. Pero no solo eso; también ha unificado el pensamiento occidental con el oriental, encajando en sus esquemas y cuadrantes los dos modelos de Occidente y Oriente, integrando a su vez lo psicológico y lo espiritual ante la evidencia de la naturaleza de la conciencia.

Ante la inmensa labor realizada por Jean Gebser y Ken Wilber, más la de otros tantos investigadores del pasado y del presente, nosotros ahora solo pretendemos dar a ver una base de lo que la tradición nos ha legado con el fin de abordar la realidad del «Yo Soy».

Aquí exponemos un planteamiento basado en los cuatro estados de conciencia según los griegos, según la psicología del Maestro Gurdjieff, y según la filosofía-vedanta del hinduismo.

Los cuatro estados de conciencia desde la perspectiva griega del conocimiento

Para los griegos, los cuatro estados de conciencia desde la perspectiva del conocimiento son: 1. Eikasia, 2. Pistis, 3. Dianoia, y 4. Nous. Los dos primeros estados son los comunes, siendo el primero Eikasia, el estado inferior centrado en los instintos. El segundo estado, Pistis, se define en las creencias, prejuicios, sectarismos, fanatismo, teorías, sin que haya auto-conciencia ni valoración de lo asumido. El tercer estado, Dianoia, es la revisión intelectual de creencias, análisis, sintetismo, conceptual, conciencia cultural-intelectual, pensamiento científico, etc. En este caso se requiere ya un ejercicio de auto-conciencia de lo que realmente se sabe. Finalmente tenemos el estado de Nous, que es sintético, claro, objetivo, intuitivo, iluminado, siendo el resultado de un ejercicio de auto-conciencia del ser y el saber.

La reflexión aquí es la necesidad de unión del ser, lo ontológico, y el saber. Siendo el saber parte de la tradición de algún modo proveniente del mundo exterior; finalmente o teleológicamente deberíamos concluir en la unión indisoluble de la develación interior del ser y la tradición exterior. Por ejemplo, en los famosos cuadrantes del desarrollo de la conciencia de Ken Wilber, el lado izquierdo corresponde a lo interior y el lado derecho a lo exterior, lo que explica que la iluminación que uno puede adquirir será diferente en las diferentes épocas, pues el saber externo es también diferente. Por ejemplo, ningún sabio iluminado anterior al descubrimiento de los genes podría incorporar en su conciencia los trastornos hereditarios genéticos; tampoco los sabios místicos anteriores al descubrimiento de los diferentes tipos de ondas cerebrales y su vinculación con los estados meditativos podrían saber que se puede estimular el cerebro para provocar estados alterados de conciencia semejantes a los vividos por los místicos, cuestión que hoy sí es accesible. El saber externo es cambiante y el estado mental busca la objetividad empírica, pero en cuestiones propias de la conciencia, el alma, el espíritu o el ser, lo empírico se queda limitado. Por tanto, una conciencia nueva e integral debe trascender el dualismo existente entre materia y espíritu, y en realidad cualquier dualismo que separe dogmáticamente las polaridades contrarias y complementarias que forman parte del Uno-Todo. Hoy puede parecer una evidencia empírica el que los procesos místicos sean causados por el cerebro; pero ya citamos al neurobiólogo Francisco J. Rubia, quien, junto a otros colegas, rompió la dualidad mente y cerebro para convertirla en una unidad, donde la materia-cerebro y mente se unifican, constituyendo esta visión unitiva de los neurobiólogos una vía adaptada a la conciencia integral.

La vía unitiva nos exige comprender que lo externo, que podemos denominar la «escuela de la vida», siempre nos podrá aportar sabiduría al ser, puesto que el ser, siendo en su esencia uni-total o absoluto, lo podemos calificar de inmutable por ser atemporal. Pero siendo el ser todo incluyente y abarcador, incluye y abarca la «escuela de la vida», que es temporal, relativa, cambiante, y sin duda siempre podremos aprender de una conciencia colectiva en continuo movimiento; así, se describe como «el océano de la vida libre en su movimiento». De ese movimiento que incluirá lo temporal y la libertad de la conciencia siempre podremos adquirir luz. Por tanto, la unión del ser y el saber debe siempre cuadrar en un perfecto equilibrio, sintonizando con lo universal y uni-total.

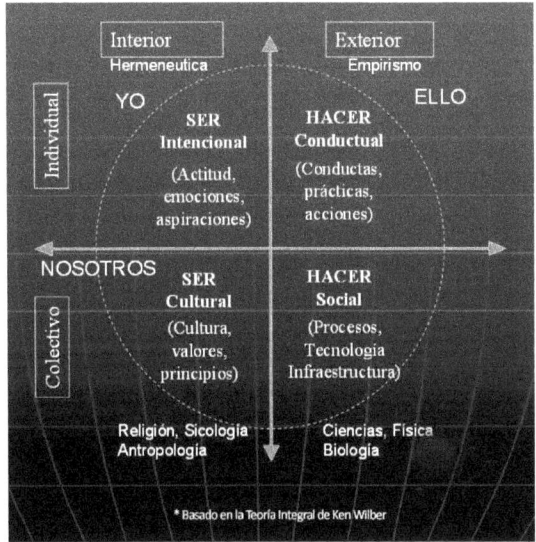

Imagen 1. Significado de los 4 cuadrantes del holón humano.

Los cuatro estados de conciencia desde la perspectiva psicológica

Nos referiremos aquí a la psicología del «cuarto camino» del Maestro Gurdjieff, al que algunos consideran un simple chamán venido de Oriente. Pero para otros, como el psicólogo Maurice Nicoll y el escritor P. Ouspensky, y otros muchos, las enseñanzas del «cuarto camino» tienen su validez. Aun siendo básicas, las enseñanzas del Maestro Gurdjieff tienen el aliciente de buscar el despertar de la conciencia.

En la escuela del «cuarto camino» se enumeran cuatro estados de conciencia: 1. Sueño, 2. Vigilia, 3. Autoconciencia, y 4. Conciencia objetiva. Parten las enseñanzas del Maestro Gurdjieff de que en realidad todos andamos entre el primer y el segundo estado de conciencia, es decir el sueño y la vigilia, pero que el segundo estado de conciencia, la vigilia, en realidad no es un estado real de vigilia, sino que seguimos soñando e inconscientes. La intención es ejercitar un tercer estado de conciencia en busca de la autoconciencia y el despertar auténtico aplicando la auto-observación. El Maestro Gurdjieff dio un vasto número de ejercicios psicofísicos con la intención de romper la mecánica de los estados ordinarios de vigilia que incluían danzas; por ello muchos lo tenían como un chamán oriental, por todas esas técnicas psicofísicas. También en esta psicología del «cuarto camino» se trabaja en lo que denominan los «cinco centros de la máquina humana»: instinto, sexo, emoción, motor, intelectual, buscando obtener el equilibrio y la conciencia en los diferentes centros psicofísicos. También tiene la visión de que nuestro «yo» está fragmentado en múltiples «yoes» (fragmentos de ira, pereza, orgullo, codicia, etc.) y que cada fragmento del «yo» actúa inconscientemente, teniendo cada uno de ellos que disolverse para despertar y unificar la conciencia.

El primer estado de conciencia el sueño se puede equiparar al estado de «Eikasia», donde predomina lo instintivo y en el que subyace todo aquello que permanece inconsciente. El segundo estado de vigilia es equiparable al estado de «Pistis», donde los estados comunes y ordinarios no salen de una rutina y una mecánica que nunca pasan por el tapete de la auto-conciencia o la auto-reflexión. Respecto al tercer estado de conciencia, resultaría semejante al estado de «Dianoia», salvando las distancias[8]. Y el cuarto estado de conciencia, o conciencia objetiva del «cuarto camino», también podría relacionarse con el estado de «Nous». Podemos decir que aquí debería unirse o integrarse el estado de lucidez de

---

8   En la escuela del «cuarto camino» se insistía en un mero estado de alerta o atención acrecentada, sin incurrir o profundizar en lo reflexivo y meditativo, mientras que en el estado de Dianoia se produce una reflexión profunda en todos los campos del saber y se practica la meditación, la filosofía, la mística, etc.

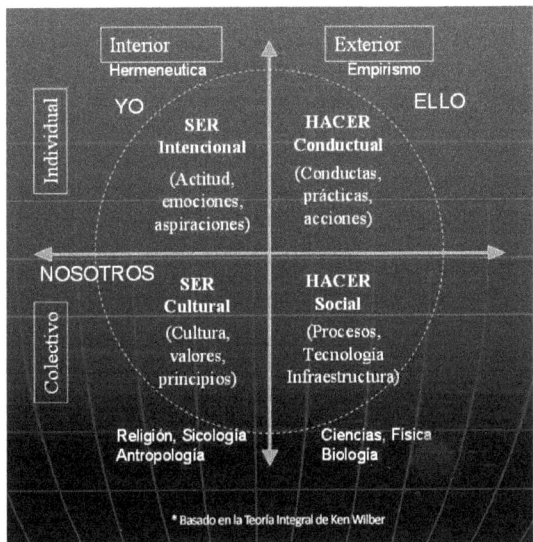

Imagen 1. Significado de los 4 cuadrantes del holón humano.

Los cuatro estados de conciencia desde la perspectiva psicológica

Nos referiremos aquí a la psicología del «cuarto camino» del Maestro Gurdjieff, al que algunos consideran un simple chamán venido de Oriente. Pero para otros, como el psicólogo Maurice Nicoll y el escritor P. Ouspensky, y otros muchos, las enseñanzas del «cuarto camino» tienen su validez. Aun siendo básicas, las enseñanzas del Maestro Gurdjieff tienen el aliciente de buscar el despertar de la conciencia.

En la escuela del «cuarto camino» se enumeran cuatro estados de conciencia: 1. Sueño, 2. Vigilia, 3. Autoconciencia, y 4. Conciencia objetiva. Parten las enseñanzas del Maestro Gurdjieff de que en realidad todos andamos entre el primer y el segundo estado de conciencia, es decir el sueño y la vigilia, pero que el segundo estado de conciencia, la vigilia, en realidad no es un estado real de vigilia, sino que seguimos soñando e inconscientes. La intención es ejercitar un tercer estado de conciencia en busca de la autoconciencia y el despertar auténtico aplicando la auto-observación. El Maestro Gurdjieff dio un vasto número de ejercicios psicofísicos con la intención de romper la mecánica de los estados ordinarios de vigilia que incluían danzas; por ello muchos lo tenían como un chamán oriental, por todas esas técnicas psicofísicas. También en esta psicología del «cuarto camino» se trabaja en lo que denominan los «cinco centros de la máquina humana»: instinto, sexo, emoción, motor, intelectual, buscando obtener el equilibrio y la conciencia en los diferentes centros psicofísicos. También tiene la visión de que nuestro «yo» está fragmentado en múltiples «yoes» (fragmentos de ira, pereza, orgullo, codicia, etc.) y que cada fragmento del «yo» actúa inconscientemente, teniendo cada uno de ellos que disolverse para despertar y unificar la conciencia.

El primer estado de conciencia el sueño se puede equiparar al estado de «Eikasia», donde predomina lo instintivo y en el que subyace todo aquello que permanece inconsciente. El segundo estado de vigilia es equiparable al estado de «Pistis», donde los estados comunes y ordinarios no salen de una rutina y una mecánica que nunca pasan por el tapete de la auto-conciencia o la auto-reflexión. Respecto al tercer estado de conciencia, resultaría semejante al estado de «Dianoia», salvando las distancias[8]. Y el cuarto estado de conciencia, o conciencia objetiva del «cuarto camino», también podría relacionarse con el estado de «Nous». Podemos decir que aquí debería unirse o integrarse el estado de lucidez de

---

8   En la escuela del «cuarto camino» se insistía en un mero estado de alerta o atención acrecentada, sin incurrir o profundizar en lo reflexivo y meditativo, mientras que en el estado de Dianoia se produce una reflexión profunda en todos los campos del saber y se practica la meditación, la filosofía, la mística, etc.

una conciencia activa y despejada, obtenida por la atención acrecentada del estado de auto-observación y la síntesis, claridad, objetividad e intuición derivadas de la comprensión integral.

De un modo u otro, la finalidad de despertar la conciencia, iluminarla, desarrollarla, emanciparla, tiene un objetivo: obtener la plenitud del ser y del saber, lo que conciliará en armonía universal, estableciendo un eje que conecte lo humano, lo terrestre y lo cósmico, siendo tal eje el sustento de todo el universo: la conciencia cósmica, en definitiva, el amor.

ESTADO DE CONCIENCIA	ENFOQUE CONOCIMIENTO	ENFOQUE PSICOLOGÍA	ENFOQUE ORIENTAL
Primero	Eikasia	Sueño	Vigilia
Segundo	Pistis	Vigilia	Sueño
Tercero	Dianoia	Autoconciencia	Sueño profundo
Cuarto	Nous	Conciencia objetiva	Turiya

Imagen 2. Relación de los estados de conciencia conforme a las tres perspectivas.

Los cuatro estados de conciencia desde la perspectiva oriental

Bajo la perspectiva de los cuatro estados de conciencia oriental encontramos: 1. Vigilia, 2. Sueño, 3. Sueño sin sueño o sueño profundo, 4. Estado de Turiya[9]. Para los occidentales de la época mental, los sueños cayeron en el mundo de la superstición y dejaron de tener valor. Hasta que llegó Freud y los revalorizó, aunque no en el mismo sentido que habían tenido en el pasado. En el pasado todos los reyes y emperadores tenían en sus palacios un mago o un astrólogo que interpretaba sus sueños, como en el caso bíblico de José y el faraón, o el de Daniel y Nabucodonosor. Los orientales, en la cultura hindú, el yoga, el advaita o el budismo, ven el tema del sueño relacionado con los diferentes estados de conciencia, que a su vez están vinculados a lo que denominan «*gunas*», que son las cualidades de la manifestación y que son tres: *Sattva, Rajas* y *Tamas*, respectivamente, armonía, emoción e inercia. Hoy es indiscutible que el pensamiento o la filosofía oriental está suponiendo un gran beneficio a las deficiencias del pensamiento occidental. El acercamiento y la comunión entre ambas formas de ver el mundo exterior e interior resultan enriquecedoras.

El estado de vigilia en Oriente se puede entender con el siguiente enunciado: «*el mundo es el sueño de Brahma; cuando Brahma despierta el sueño concluye*». La leyenda dice que la diosa Maya creó este mundo para que Brahma jugara y se divirtiera. Al crear este hermoso mundo él se perdió en él, y el juego consiste en encontrarse de nuevo a uno mismo; ese encuentro es el despertar y con él concluye el sueño. El estado de vigilia es un sueño en tanto en cuanto

---

9   Literalmente del sánscrito: cuatro o cuarto.

no despertemos y podamos comprender qué es en sí ese estado, cuestión que Jean Gebser nos explica en toda su obra al relatarnos la historia de la conciencia humana vinculando sus mutaciones y diferentes estados con los estados de conciencia orientales. Así es la relación: 1. Estado arcaico–sueño profundo (sueño sin sueños); 2. Estado mágico–sueño; 3. Estado mítico–soñando; 4. Estado mental–vigilia; 5. Estado integral–Turiya.

Mientras no podamos comprender cómo llegamos a este estado de vigilia o estado mental no podremos despertar la conciencia de modo claro y definitivo a lo absoluto. De ahí deriva la necesidad de activar el estado de conciencia integral o de Turiya. Resulta contradictorio que en el estado de vigilia estemos sumidos en el sueño; aquí el sueño hace referencia a nuestra ilusión y por tanto ignorancia de nuestra realidad. Por ello es necesario descubrir el fondo real de nuestra conciencia, su historia completa, su origen, su función, su realidad, hasta descubrir la verdad de quién soy.

Sri Swami Sivananda[10] nos sintetiza con claridad los estados de conciencia de vigilia, sueño, sueño sin sueño y el cuarto estado de Turiya, respecto al cual el *Mandukya Upanishad* dice: «*No con la conciencia tornada hacia dentro [soñando], no con la conciencia tornada hacia afuera [despierto] no con la conciencia tornada en ambas direcciones, no una masa de conciencia [sueño profundo], ni consciente ni inconsciente, las personas consideran que el cuarto (Turiya) es invisible, inviolable, inasible, sin signos, impensable, inefable, su esencia descansando en el ser único, en la quietud de la proliferación, pacífico, auspicioso, sin dualidad (advaita)...*».

---

10 En su libro *Filosofía del Sueño*.

Si quieres leer el texto completo, puedes descargarlo con la ayuda de este código:

Las «*gunas*», o cualidades que mueven el universo, están relacionadas con la Trinidad o *trimurti* en las diferentes culturas:

	BUDISMO	CÁBALA	CRISTIANISMO	HINDUISMO	ASTROLOGÍA
1	*Darmakaya*	Pensamiento	Padre	*Sattva*	Cardinal
2	*Sambogakaya*	Palabra	Hijo	*Rajas*	Fijo
3	*Nirmanakaya*	Acción	Espíritu Santo	*Tanas*	Mutable

Imagen 3. La Trinidad en las distintas culturas.

Cada cultura y tradición ve e interpreta la Trinidad o *trimurti* de un modo diferente, por lo que para el estado mental resulta difícil encajar la correspondencia de las tres fuerzas o cualidades que mueven el universo. El estado mental lo cuantifica y cosifica todo, haciendo que los propios conceptos se vuelvan rígidos e inflexibles, apartando así la posibilidad de tener una visión integradora, flexible, abarcadora, donde las líneas de aparente separación, como la línea que separa el mar de la tierra, no sean en realidad líneas de separación, tal y como las ve el estado metal-dual, sino que sean líneas de unión; así lo ve la conciencia integral, que es todo-incluyente.

El cuarto estado de conciencia

Los estados de conciencia citados como «cuarto» son: *Nous*, *Turiya* y conciencia objetiva. Formarían parte de la conciencia integral de Jean Gebser, que Ken Wilber incluiría en su escala de colores de la siguiente manera:

1. Infrarrojo: arcaico-sensoriomotor
2. Magenta: mágico-animístico
3. Rojo: egocéntrico, poder, mágico-mítico
4. Ámbar: mítico, etnocéntrico, tradicional
5. Naranja: racional, mundicéntrico, pragmático, moderno
6. Verde: pluralista, multicultural, postmoderno
7. Esmeralda: comienzo de la mente integral, visión-lógica inferior, sistémica
8. Turquesa: mente global, visión-lógica tardía, mente superior
9. Añil: para-mente, mente transglobal, mente iluminada
10. Violeta: metamente y sobremente

Ken Wilber no dogmatiza sus esquemas, cuadrantes, valoraciones, pues en su consideración integral siempre cabe la flexibilidad y nuevos aportes que configurarán una parte del Todo, por lo que nos quedarían el color blanco y lo transparente; pero a lo que íbamos es al color esmeralda, donde se inicia la conciencia integral y que dará paso a nuevos estados que elevarán el propio estado integral. El cuarto estado de conciencia, *Nous*, conciencia objetiva, y *Turiya*, partirán y se desenvolverán desde la conciencia integral.

No es fácil, y se da por hecho que racionalmente y desde una visión dual no se puede transmitir lo que es la conciencia integral, por lo que muchas veces se ha usado la negación (hindú: *neti, neti,* no esto, no aquello) como una forma de indicar u orientar la naturaleza de lo absoluto. También se genera un conflicto dual entre lo individual y lo colectivo, siendo lo individual una visión del estado mental-dual del «yo» que se disolverá a favor de una conciencia integral-colectiva. Hay que saber asumir el «Uno-Todo», pues la realidad de lo absoluto requiere una atención plena, clara y abierta, y por ello integradora, incluyente y ecuánime, que solo puede sostenerse en su pureza y autenticidad mediante el amor. El *Bkaty-yoga* apunta en última instancia a concretar «*el amor, por el amor en sí*», de modo que todo egocentrismo del «yo» se convierta en una sombra para la realización plena del ser. Decía Padmasambhava: «*Si careces de la visión o de la conducta, equivocarás el camino. Por eso, desciende con la visión y asciende con la conducta. La práctica de las dos como una unidad es lo más esencial*».

Ser y saber son las dos columnas de nuestro templo; el ser nos aporta la conducta, el saber la visión. La conducta, o el saber ser y estar, es compasión, es caridad, es *bodichita*, es conciencia despierta y compasiva. Una conciencia integral, o un cuarto estado de conciencia no es factible sin el eje que une humanidad, Tierra y cosmos.

El «Uno-Todo» en la época arcaica carecía de conciencia de «sí mismo». En su andar por la escuela de la vida, la conciencia adquiere esa conciencia de «sí», resultando que en la época mental el «yo» se vuelve fuerte y con ello «dual», creando un «yo» y con lo demás totalmente separado de «sí mismo». De modo que una conciencia integral debe unificar todas las anteriores etapas del camino, en la cuales se ha forjado la conciencia de «uno mismo», superando con tal integración los condicionamientos y límites y adquiriendo una plena conciencia de «sí», de modo que se regrese al «Uno en Todo», pero esta vez con plena conciencia del «Uno» como unidad del «Todo».

Capítulo 10.
Dios como verdad

«*Y respondió Dios a Moisés:* 'YO SOY EL QUE SOY'. *Y dijo:* '*Así dirás a los hijos de Israel:* YO SOY *me ha enviado a vosotros*'».

Éxodo 3:14

Deberíamos preguntarnos si primero es la verdad y luego Dios, o al contrario, si primero es Dios y luego la verdad. Atendiendo a lo que Dios le dijo a Moisés, vemos que tanto Dios como su verdad se incluyen en el «Yo Soy». Tanto la verdad como Dios deberán descubrirse en el «Yo Soy» de cada cual. Quien no se conoce a sí mismo nunca podrá conocer ni la verdad ni su «Yo Soy», o sea, su dios.

Jesucristo dijo: «*Yo soy el camino, la verdad y la vida*». Para Jean Gebser, el «Yo Soy» es una confirmación del propio «yo». Para J.G. es un hito en la historia de la conciencia, ya que en la época de Moisés es Dios quien lo dice, lo que significa que en esa época se vivía la transición entre la época mágica y la mítica; entonces aún no se asumía la identidad del «yo» como individuo en un Todo. Así es el «Yo Soy» que le habla a Moisés como una identidad externa a él.

Cita J.G. *La Odisea*, comentando: «*esas palabras griegas estremecedoras de Odiseo en las que brilla toda la grandeza de la cultura griega y en las que ya está contenida la clave fundamental del mundo occidental: son estas palabras orgullosas: es ese 'soy Odiseo', pero que aún no es* ningún «Yo Soy»; ahora bien, el «yo» ya es visible en relación con el portador del nombre, pero solo en tanto está en el 'verbum', en el principio activo y actuante de la frase». Por tanto, podemos ver como el «yo» y el «Yo Soy» van asumiéndose según aumente el reconocimiento de uno sobre sí mismo. Tal reconocimiento del «Yo Soy» trascenderá lo temporal, asumiendo su presencia como ente atemporal. Por ello Jesucristo dice: «*De cierto, de cierto os digo: Antes de que Abraham fuese, Yo Soy*». (JN: 8:58)

Esta presencia siempre presente, testigo de todos nuestros aconteceres desde los orígenes, es nuestra verdad, nuestro «Yo Soy», el ser en su totalidad.

Existe un relato sobre los mexicas de Fray Diego Durán en su notabilísima obra titulada *Historia de México*, expuesto también en la obra de Don Mario Roso de Luna, *El libro que mata a la muerte*, y que también es comentada en la obra *La doctrina secreta de Anahuac*, del Maestro Samael.

Comenta Jean Gebser que Moctezuma envió una comisión de brujos y hechiceros a enfrentarse contra los españoles, pero sus sortilegios, hechizos y demás no hicieron mella entre los soldados, que ni creían, ni compartían las creencias de los mexicas; el «yo» de los españoles participaba de lo mental, mientras los aztecas seguían con una conciencia mágico-mítica. Se dice, según el antropólogo e historiador Miguel León portilla (1926) que esta fue la respuesta de los hechiceros:

«*En consecuencia, al momento regresaron presurosos, dieron cuenta a Moctezuma de en qué condición eran, y cuán fuertes:*

–¡No somos sus contendientes iguales, somos como unas nadas!».

Puedes leer el relato completo descargándotelo con ayuda de este bidi:

Esta es una evidencia más de cómo el «yo» en su desarrollo supera etapas anteriores, en este caso prevaleciendo lo mental sobre lo mágico-mítico.

Volviendo al relato y a la cuestión sobre el tiempo ¿cómo es posible que en esas tierras sagradas aún perduraran y vivieran los que ya habían muerto? Pues esto decía el anciano que los atiende:

«—¡*Oh Señor de todo lo creado! ¿Pues quién los mató si aquí están vivos? Porque en este lugar no se muere nadie, sino que viven siempre. ¿Quiénes son, pues, los que viven ahora?*

Y, posteriormente, la madre de Huitzilopochtli dice: «*¿Quién fue quien los mató, puesto que acá todos sus compañeros son vivos?*» viniendo después la demostración de cómo el anciano se hace joven y anciano según desciende o sube el cerro.

Este relato —al igual que las palabras de Jesús: «*Antes de que Abraham fuese, Yo Soy*»— nos remiten a lo atemporal de la conciencia siempre presente, esto es, mientras el «yo» va recorriendo su camino formando su realidad y su propia historia, la presencia original se mantiene tal cual es. Así, los mexicas se reencuentran en sus espacios internos, en lo subyacente de su psiquis, con sus orígenes, que perciben dentro del ámbito mágico-mítico, como lo fue la época de los antiguos griegos y que queda perfectamente reflejada en los relatos de *La Ilíada* y *La Odisea*, cuando la humanidad pretendía emanciparse con su «yo». Los aztecas ya solo tenían en el recuerdo a sus primeros padres, mientras sus creadores y antecesores permanecían en lo eterno.

«*Mas, después de que salieron de allí a esta tierra firme y perdieron de vista a tan deleitoso lugar, todo, todo, se volvió contra ellos. Las hierbas les mordían, las piedras les cortaban, los campos estaban llenos de abrojos y hallaron grandes jarales y espinos que no podían pasar, ni asentarse y descansar en ellos. Todo lo hallaron, además, cuajado de víboras, culebras y demás bichos ponzoñosos, de tigres y leones y otros animales feroces que les disputaban el suelo y les hacían imposible la vida*», como relata el historiador real Cuauhcoatl el 'Dragón de la Sabiduría'. *Siendo diferente el relato de nuestra conciencia en origen, aquella conciencia que, en su naturaleza inmutable y atemporal, permanece en su paraíso, mientras el relato del 'yo' se enreda entre zarzales, dolores y sufrimientos por el angosto paso del tiempo*».

Son dos historias diferentes, una la gestada y creada por nuestro ego en formación, con todas sus tribulaciones, que, alejándose de sus orígenes primordiales, crea un relato suyo, propio e independiente, que obviamente no siempre coincide con la auténtica historia. Mientras el «yo» camina entre sus aconteceres se va desvinculando de su origen siempre presente, por lo que los acontecimientos vivenciados van pasando, según Jean Gebser, de:

- Arcaico: pre espacial-pretemporal
- Mágico: inespacial-intemporal
- Mítico: inespacial-tempórico naturalista
- Mental: espacial-tempórico abstracto
- Integral: libre de espacio y tiempo

La verdad la hallaremos en el «Hijo del Hombre», ese hijo que deberá ser glorificado, como nos dice Jesucristo. Pues bien saben los historiadores que es muy diferente la historia de los vencidos a la historia de los vencedores. El «Hijo del Hombre» siempre vencerá, pues él es «el camino, la verdad y la vida» y es atemporal. Por tanto, una es la historia de nuestro ego, de nuestro «yo» gestándose, creándose, forjándose entre retazos relativos de historias temporales, y otra es la presencia inmutable de la conciencia de uno, que dice: «Yo Soy». Aquí coinciden la verdad absoluta y la verdad relativa, y concluirán en una conciencia integral, en el ser absoluto.

Capítulo 11.

Algunos estudios sobre el «yo»

Filósofos, artistas, científicos y místicos han buscado responder al enigma sobre su propio ser y su búsqueda ha configurado el camino de la mayor aventura ontológica de todos los tiempos. Héroes como Hércules, Perseo, Teseo o Ulises enfrentaron esta aventura y a ella se entregaron maestros espirituales de Oriente como Vishnú, Krishna, Fuji o Buda, entre otros; o maestros de Centroamérica, como Quetzalcóatl, Viracocha o Ku Kul Kan. Sus hazañas las recogen los antiguos mitos, los cuales han devenido en arquetipos que, consciente o inconscientemente, perviven en nuestra psique.

La psicología occidental, ciencia relativamente moderna que se inició en tiempos de Sigmund Freud y Alfred Adler, ha buscado profundizar en estas cuestiones. El psicoanálisis, formulado por Freud, fue su principal instrumento. Desde sus inicios, como comenta Alan Watts (1915–1973), se discutió si la psicología era una verdadera ciencia empírica, dado que su objeto, el interior del alma humana, presentaba dificultades de tipo experimental por pertenecer al ámbito de lo metafísico. Por ello mismo, la investigación y la búsqueda del conocimiento de nuestra naturaleza interior no deben, ni pueden, ser frenadas, siendo siempre la conciencia humana la última frontera a descubrir y experimentar.

La psicología comenzó, como todas las ciencias de Occidente, bajo las condiciones de la época mental y el racionalismo, el positivismo, el empirismo y las cuantificaciones y cosificaciones que la caracterizaban, resultando extraño e inviable, como planteaba Alan Watts, el estudio del alma o psiquis. Por tanto las primeras investigaciones de la psicología se centraron en los campos fisiológico y neurológico e iban dirigidas a cartografiar o dibujar el mapa de nuestra alma o psique, pretendiendo encajar dicho mapa en nuestro cerebro.

Ciertamente, la inquietud por saber forma parte de la naturaleza humana y siempre buscamos acceder a lo que desconocemos, aunque a menudo tropezamos con nuestra ignorancia, quedando nuestro avance al borde del desconcierto. Esta es la realidad actual en nuestra crisis condicionada por lo mental-racional. Ha sido este afán de ir más allá, de no contentarse con las explicaciones de la geometría de Euclides y con las leyes mecánicas de Newton (pese a que parecían haber descubierto todos los secretos del universo), lo que ha hecho que la ciencia física contemporánea haya sentido necesidad de penetrar en el interior de la materia, haciendo espectaculares descubrimientos sobre las complejidades atómicas, es decir, sobre aquello que hasta entonces permanecía invisible. Igualmente, Albert Einstein, al formular la Teoría de la Relatividad revolucionó la idea que se tenía hasta entonces del tiempo, la materia y el espacio. A partir de esa época surgió la física de partículas y nuevos hallazgos como la existencia de múltiples dimensiones, la Teoría de Cuerdas, la antimateria, la materia oscura, a los que se ha sumado el más reciente descubrimiento de Lederman del Bosón de Higgs, llamado «la partícula de Dios».

Al mismo tiempo que en Física se descubrían las complejidades atómicas y cosmológicas, en el terreno de la Psicología se solapaban y desarrollaban visiones que iban más allá de Freud y su psicoanálisis. Y surgían diversas corrientes psicoanalíticas, como el Estructuralismo de Wilhelm Wundt (1838-1920), el Funcionalismo de William James (1842-

1910), el Conductismo de John B. Watson (1878-1958), la Psicología de la Gestalt y su escuela alemana, el Humanismo de Abraham Maslow (1908-1970), y la Psicología Transpersonal que parte de W. James (1842-1910), pasando por Stanislav Grof (1931), y que conecta con los movimientos *New Age*. Un capítulo especial merece Carl. G. Jung, uno de los principales discípulos de Freud, que se separa de su maestro por estar en desacuerdo con su Teoría de la Libido, que consideró excesivamente reduccionista, y que creó su propia teoría formulando conceptos tan importantes como los arquetipos, el inconsciente colectivo, etc.

Cada escuela o teoría ha proporcionado una perspectiva sobre el mapa psíquico y ha formulado conceptos como el «yo», el «ello», el «superego», «la sombra», «el ánima», el «ánimus», el inconsciente individual y colectivo, etc. Debemos a Jung una clasificación de los tipos psicológicos, que parte de la teoría de los humores de Hipócrates, que dividió en cuatro los temperamentos humanos: sanguíneo, nervioso, flemático y melancólico. Para su teoría de los tipos Jung se basó en dos rasgos humanos: introversión/ extraversión y en cuatro funciones: pensamiento/ sentimiento y sensación/ intuición. De este modo, configuró ocho tipos psicológicos:

1. *Introvertido-pensamiento*: se formula preguntas y trata de comprender el propio ser, apartándose para ello al reino de las ideas
2. *Extrovertido-pensamiento*: se rige a sí mismo y a los demás conforme a reglas y principios fijos. Más que los hechos materiales, le interesa la realidad
3. *Introvertido-sentimiento*: inaccesible al resto de la gente, da sin embargo una impresión de autonomía y armonía. Suele apasionarse por la música y la poesía

4. *Extrovertido-sentimiento*: convencional, bien adaptado a su época y a su medio, le interesa el éxito personal y social. Es voluble y se acomoda a las modas
5. *Introvertido-sensación*: se nutre de sus impresiones sensoriales y vive inmerso en sus sensaciones externas. A menudo es modesto y callado
6. *Extrovertido-sensación*: le interesan los fenómenos externos, es práctico, empecinado y acepta el mundo tal como es
7. *Introvertido-intuición*: es soñador, se entrega a sus visiones internas. Se empeña en transmitir una experiencia esotérica singular
8. *Extrovertido-intuición*: su intuición le hace tener olfato para cualquier novedad. Suele solucionar disputas y ser un líder carismático

Pero son múltiples y muy variadas las clasificaciones que solo dentro de la moderna psicología occidental se podrían enumerar. Debemos a Ken Wilber la mayor de las clasificaciones, con la que intentó unificar las variadas teorías pero dando preeminencia a la idea de que los niveles de conciencia son los que crean los diferentes tipos. Estos niveles parten de la base de lo pre-racional, lo racional y transracional. El inmenso trabajo de K. Wilber es una psicología integradora que intenta recuperar el sentido de formar parte de la totalidad. Esta búsqueda de la religación, de sentirse formando parte de una conciencia cósmica, de un ser superior, lo que explica en su libro *Conciencia sin fronteras*, pues son precisamente las demarcaciones y fronteras que nos ponemos dentro y fuera de nosotros mismos las que dificultan que podamos comprender qué es nuestra psique.

Las diversas escuelas que en poco más de un siglo ha desarrollado la Psicología occidental, influidas por cierta Filosofía racionalista o por la Antropología y la Teoría de la

Evolución de Darwin, han prescindido o se han desconectado de lo místico, con excepción de aquellos que como C.G. Jung, K. Wilber, Alan Watts y otros apuntan a lo transpersonal y a lo suprarracional. K. Wilber advierte del peligro de enajenación del pensamiento de Occidente al divorciar ciencia y religión, pues hoy en día es imposible negar la evidencia de las experiencias transpersonales, del mismo modo que no se pueden negar los lazos que existen entre la Física cuántica y la Metafísica, tal como explicó Fritjf Capra en su libro *El Tao de la Física* (1975). Igualmente, las últimas teorías de Penrose y Hameroff establecen una intrínseca relación entre conciencia, energía y materia. El divorcio que Occidente ha establecido entre ciencia y religión, al menos en sus corrientes positivistas, es lo que ha provocado el acercamiento de mucha gente a las religiones orientales, al yoga, al budismo, al taoísmo, en un intento de espiritualizar de nuevo nuestro mundo, lo que también han buscado y pretendido corrientes como la *New Age*.

Los filósofos y pensadores orientales nunca se divorciaron de lo místico, ni tampoco desdeñaron ese mundo. De modo natural se impregnaron de los arquetipos del ser, y lo psicológico y lo místico nunca entraron en conflicto sino que siempre buscaron la unión por medio de la práctica del yoga. También supieron ver que hay diversos tipos de yoga o maneras de realizar su práctica según el tipo psicológico:

- *Gnaña yoga,* o yoga del conocimiento, apto para las personas de tendencia intelectual como Sri Aurobindo
- *Bhakti yoga*, para los que tienen naturaleza devocional como Yogananda
- *Karma yoga,* o yoga de la acción desinteresada, para los activos como la Madre Teresa de Calcuta
- *Raja yoga* (el rey de los yogas) para los psíquicos como Swami Vivekananda

- *Kundalini yoga*, para los iniciados en Tantra como Swami Sivananda

Lo ideal, como indicaba Sivananda, es practicar todos los tipos de yoga, aunque nuestras características personales nos lleven a inclinarnos más por un determinado tipo de yoga. Frente a la psicología occidental, disociada del ser supremo, el hombre oriental, sea cual sea el tipo de yoga o religión que practique, no ha experimentado ese conflicto con lo místico, ni con la idea de lo transpersonal.

En Occidente ha habido también toda una tradición de corrientes esotéricas cuya finalidad fue siempre de signo místico, como la alquimia, la cábala, los templarios, los cristianos gnósticos, los masones, rosacruces, teósofos, etc. Frente a estas corrientes de auténtico esoterismo, en los últimos tiempos ha surgido todo un seudo-esoterismo, que es más bien un mercado espiritual en el que predomina lo superficial. Contra este mercadeo de baratijas espirituales se levantó el Maestro Samael Aun Weor (1917-1977), que profundizó en todas las escuelas mencionadas logrando un sincretismo maravilloso, por lo que se le ha llamado «el maestro de la síntesis». En esta síntesis, Oriente y Occidente se dan la mano, viendo él en su propio ser todas las pruebas que exigía «la Gran Obra». Por ello, cuando se refiere a su descomunal trabajo, dice que ha sido escrito «con carbones encendidos». Su obra es tan inmensa que no ha sido comprendida por el vulgo ignorante, ni tampoco es bien aceptada en el mundo académico por tratarse de un autodidacta.

El Maestro Samael ha aceptado como una buena clasificación la que hizo Gurdjieff con el «cuarto camino». Son, según él, siete los tipos de hombre:

1. Hombre instintivo, cuyo centro de gravedad está en el instinto

2. Hombre emocional, con centro de gravedad en las emociones
3. Hombre intelectual, cuyo centro de gravedad es el intelecto
4. Hombre cuyo centro de gravedad es la conciencia
5. Hombre cuyo centro de gravedad es la emoción superior
6. Hombre cuyo centro de gravedad es la mente superior
7. Hombre cuyo centro de gravedad es la voluntad

También el Maestro Samael ha tenido en cuenta la constitución del hombre hecha por los teósofos, que es la siguiente, desde la parte más espiritual a la corporal:

1. *Atman* (el íntimo)
2. *Buddhi* (el alma espiritual)
3. *Manas* superior (alma humana)
4. *Manas* inferior (cuerpo mental)
5. *Kamas* (cuerpo de deseo o astral)
6. *Lingam Sharira* (cuerpo vital)
7. *Estula Sharira* (cuerpo físico)

Vemos pues cómo el esoterismo pudo unir la tradición de Oriente con la de Occidente, dado que en la vía esotérica, lo místico y transpersonal tienen su sitio. Precisamente, la psicología que incluye lo transpersonal de Ken Wilber pone el acento en el concepto *Atman*, explicado en su libro *El proyecto Atman*. También otros muchos conceptos de la filosofía de Oriente se han incorporado a nuestro vocabulario: *karma, samsara, maya, tantra*, etc. Son hoy palabras de uso bastante común, lo que constituye la prueba de este acercamiento espiritual de ambas latitudes. Sin embargo, puesto que el modo occidental de vida es hoy el que impera en la Tierra, nuestro pensamiento y nuestra psicología deben ser tenidos en cuenta, tal como está haciendo Ken Wilber para llegar a la integración del conocimiento o gnosis en un marco universal.

Es sobre todo en la tradición cabalística donde reside el núcleo fundamental del esoterismo de Occidente. La cábala combina lo ontológico, lo psicológico y lo trascendental; por ello, Dion Fortune (1890-1946) dice que la cábala es el yoga de Occidente. Estas correspondencias se ven perfectamente en el Árbol de la Vida, que representa al ser absoluto en el plano de la manifestación.

Existen diferentes modelos, estructuras psicológicas y niveles de conciencia que buscan dar respuesta a las preguntas de ¿quiénes somos? ¿de dónde venimos? ¿hacia dónde vamos? Ken Wilber busca el común denominador de las diversas tradiciones; en su labor incluye las terapias adecuadas para cada caso según su nivel de conciencia: pleromático, urobórico, axial, pránico, rol-imagen, cognición social, ego maduro, bio-social, centauro, sutil, causal, absoluto, etc. También detalla las líneas de desarrollo, sus principales investigadores y las preguntas vitales:

- Piaget, Kegan: cognitiva, ¿de qué soy consciente?
- Loevinger: yo, ¿quién soy?
- Graves (la dinámica espiral): valores, ¿qué es significativo para mí?
- Kohlberg: moral, ¿qué debo hacer?
- Selman, Perry: interpersonal, ¿cómo deberíamos desarrollarnos?
- Fowler: espiritual, ¿cuál es la preocupación última?
- Maslow: necesidades, ¿qué necesito?
- Gardner: kinestésica, ¿cómo debería hacer esto?
- Goleman: emocional, ¿cómo me siento al respecto?
- Housen: estética, ¿qué es lo que más me gusta?

Por lo que vemos, las diferentes facetas y formas con las que en Occidente se pretende estudiar el «yo», como dice Ken Wilber, son partes del gran Todo. Pero ¿cómo podríamos decantarnos por un trabajo adecuado si nuestro interés es reconocer y comprender nuestro «Yo Soy»? Por ejemplo, en relación al inconsciente también existen diferentes perspectivas según Ken Wilber: sustrato inconsciente, arcaico, sumergido, encastrado, emergente. Su explicación sobre la meditación y el inconsciente la podemos encontrar en su libro *Proyecto Atman*.

Queremos añadir la interesante visión de Jean Gebser sobre el inconsciente:

«La actual terminología psicológica que postula un 'inconsciente' como opuesto a lo consciente se hace culpable de una falsificación de hechos psicosomáticos dados originariamente. Esta terminología y los fenómenos falsamente estructurados por ella son un ejemplo clásico de las conclusiones equivocadas que surgen de la aplicación radical de un dualismo. No hay lo que se llama inconsciente. Solo hay distintas formas (o intensidades) de conciencia: una mágica, que es unidimensional; una mítica, que es bidimensional; una mental, que es tridimensional; y habrá una integral, que será tetradimensional y, en consecuencia, completa. Esta conciencia tetradimensional en ciernes es la 'consciencia per se' de dimensión nula en su origen, que se presenta en el hombre y se transpone en él por mutación».

Tanto Jean Gebser como Ken Wilber están de acuerdo en que un estado superior de conciencia debe integrar los estadios inferiores salvando sus limitaciones o condicionamientos; el primero, J.G., desde la perspectiva de la historia de la conciencia y sus mutaciones; y el segundo, K.W., a partir de un estudio global centrado en la Psicología occidental (que no es poco) y su vinculación con la Psicología y la filosofía orientales. La cuestión es cómo hacer efectiva la conciencia integral, y para ello ambos autores nos dan referencias al respecto. Ahora pretendemos concretar este trabajo con la práctica de la meditación, que, como dice Ken Wilber, se ha comprobado que es la técnica que permite un mejor y eficaz desarrollo de nuestra conciencia.

Capítulo 12.
La visión del «Yo Soy»

Nos advierte el Maestro Samael que no es posible comprender el «yo» desde el interior del «yo» y sus condicionamientos. Efectivamente, lo que siempre ha hecho inviable transmitir lo que hay más allá del ego es un lenguaje adecuado para la conciencia integral y el propio sueño o condicionamiento de las limitaciones del ego. Ken Wilber explica cómo las perspectivas del ego son diferentes según partan de lo individual interno (cuadrante superior izquierdo), lo colectivo interior, lo cultural (cuadrante inferior izquierdo), lo individual externo (cuadrante superior derecho), lo colectivo exterior, o lo social (cuadrante inferior derecho), siendo necesario integrar estas diferentes perspectivas. Son famosos sus esquemas y cuadrantes y su psicología integral; con ellos se sintetiza su inmensa labor de forma extraordinaria.

Se requiere un «sentido espacial» capaz de registrar e integrar la historia del «yo» en un «aquí y ahora». Todos los esfuerzos por transmitir lo que es la iluminación o el despertar de la conciencia, que han sido enormes, caen en saco roto en cuanto los racionalizamos. Por ello se dice: «todo lo que se diga sobre el Tao fallará en su centro». Entonces cabe decir que todos los intentos realizados por el «yo» para descubrirse a sí mismo fallan en su centro. No es que los esfuerzos del «yo» sean inútiles sino que más bien son insuficientes. Como hemos podido ver en el capítulo anterior, las visiones del ego aquí en Occidente son múltiples y cada una puede encajar en cierta fase, desarrollo o estado de conciencia de cada cual, pero todo ello desde un enfoque básicamente terapéutico y derivado de la propia condición o visión limitada de «yo», con lo cual todos los esfuerzos van dirigidos a un alineamiento socio-cultural. Pero sobre ello Ken Wilber tiene todo un compendio de información.

Primero debemos dejar claro que hay dos relatos: el del «yo» y el de la conciencia «Yo Soy». El primer relato se constituye de forma relativa con pedazos de aquí y allá, sometiéndose a su propia historia y tiempo, ya que el «yo» crece y se desarrolla sin ejercitarse en la autoconciencia. El «yo» genera un mundo de tinieblas, ignorancia, ilusión y autoengaño, pues se cree su propia historia. El segundo relato exige una atención clara, diáfana, sin condicionamientos del ayer ni del futuro, es decir, atemporal; se trata de ejercitar y activar la conciencia no condicionada, libre, que es la que nos puede aportar nueva luz. Mediante la contemplación es como podemos activar el «sentido espacial».

Desde la época mítica, el ego empezó a generar una polaridad cada vez más intensa, que terminó con una dualidad separatista en la época mental; en todo este trance separatista el «yo» quedó aislado, encerrado en sí mismo y sus condicionamientos, generándose una dualidad extrema entre lo interior y lo exterior, y quedándose el propio «yo» confuso en su ubicación. Aquellos dioses originarios que nos crearon a su imagen y semejanza, que fueron nuestros propios antepasados, se fueron recluyendo en los substratos interiores de nuestra psiquis en forma de arquetipos, es decir, la realidad original que constituyó nuestro «yo» quedó sepultada en lo que ahora llamamos inconsciente.

La herejía de la separación dual ha polarizado el «yo» hacia el mundo exterior, dejando el mundo interior en penumbra, en casi total oscuridad, por lo que nuestros propios orígenes están sepultados en nosotros mismos. Ahora la conciencia debe sumergirse en nuestro interior y reconciliar nuestros orígenes con nuestro presente, nuestro exterior con

Capítulo 12.

La visión del «Yo Soy»

Nos advierte el Maestro Samael que no es posible comprender el «yo» desde el interior del «yo» y sus condicionamientos. Efectivamente, lo que siempre ha hecho inviable transmitir lo que hay más allá del ego es un lenguaje adecuado para la conciencia integral y el propio sueño o condicionamiento de las limitaciones del ego.

Ken Wilber explica cómo las perspectivas del ego son diferentes según partan de lo individual interno (cuadrante superior izquierdo), lo colectivo interior, lo cultural (cuadrante inferior izquierdo), lo individual externo (cuadrante superior derecho), lo colectivo exterior, o lo social (cuadrante inferior derecho), siendo necesario integrar estas diferentes perspectivas. Son famosos sus esquemas y cuadrantes y su psicología integral; con ellos se sintetiza su inmensa labor de forma extraordinaria.

Se requiere un «sentido espacial» capaz de registrar e integrar la historia del «yo» en un «aquí y ahora». Todos los esfuerzos por transmitir lo que es la iluminación o el despertar de la conciencia, que han sido enormes, caen en saco roto en cuanto los racionalizamos. Por ello se dice: «todo lo que se diga sobre el Tao fallará en su centro». Entonces cabe decir que todos los intentos realizados por el «yo» para descubrirse a sí mismo fallan en su centro. No es que los esfuerzos del «yo» sean inútiles sino que más bien son insuficientes. Como hemos podido ver en el capítulo anterior, las visiones del ego aquí en Occidente son múltiples y cada una puede encajar en cierta fase, desarrollo o estado de conciencia de cada cual, pero todo ello desde un enfoque básicamente terapéutico y derivado de la propia condición o visión limitada de «yo», con lo cual todos los esfuerzos van dirigidos a un alineamiento socio-cultural. Pero sobre ello Ken Wilber tiene todo un compendio de información.

Primero debemos dejar claro que hay dos relatos: el del «yo» y el de la conciencia «Yo Soy». El primer relato se constituye de forma relativa con pedazos de aquí y allá, sometiéndose a su propia historia y tiempo, ya que el «yo» crece y se desarrolla sin ejercitarse en la autoconciencia. El «yo» genera un mundo de tinieblas, ignorancia, ilusión y autoengaño, pues se cree su propia historia. El segundo relato exige una atención clara, diáfana, sin condicionamientos del ayer ni del futuro, es decir, atemporal; se trata de ejercitar y activar la conciencia no condicionada, libre, que es la que nos puede aportar nueva luz. Mediante la contemplación es como podemos activar el «sentido espacial».

Desde la época mítica, el ego empezó a generar una polaridad cada vez más intensa, que terminó con una dualidad separatista en la época mental; en todo este trance separatista el «yo» quedó aislado, encerrado en sí mismo y sus condicionamientos, generándose una dualidad extrema entre lo interior y lo exterior, y quedándose el propio «yo» confuso en su ubicación. Aquellos dioses originarios que nos crearon a su imagen y semejanza, que fueron nuestros propios antepasados, se fueron recluyendo en los substratos interiores de nuestra psiquis en forma de arquetipos, es decir, la realidad original que constituyó nuestro «yo» quedó sepultada en lo que ahora llamamos inconsciente.

La herejía de la separación dual ha polarizado el «yo» hacia el mundo exterior, dejando el mundo interior en penumbra, en casi total oscuridad, por lo que nuestros propios orígenes están sepultados en nosotros mismos. Ahora la conciencia debe sumergirse en nuestro interior y reconciliar nuestros orígenes con nuestro presente, nuestro exterior con el interior, el cielo con el infierno, la oscuridad con la luz. La nueva conciencia es integradora, no-dual.

El vacío del yo

No podemos dejar pasar por alto la carencia del «yo», pues este es su peor mal; tal carencia es no reconocer su propia realidad vacía. El constructo del «yo» es creado y generado por sí mismo; su naturaleza por tanto es mental, cuestión que aquí en Occidente se nos ha pasado por alto examinar, es decir, la consideración de lo mental en la constitución y sustento del «yo». ¿Cómo es la mente? ¿Qué es la mente? En cambio, los filósofos y pensadores orientales, que nunca se divorciaron de lo místico, ni tampoco desdeñaron el mundo de lo mítico, de modo natural se impregnaron de los arquetipos del ser, de modo que lo psicológico y lo místico nunca entraron en conflicto, sino que siempre buscaron la unión, de tal forma que las culturas y religiones orientales sí consideraron la naturaleza de la mente y lo metafísico y por ello su filosofía y su psicología siempre anduvieron de la mano con la meditación. Todo ello no quita mérito a la Psicología occidental, y hoy en día Oriente y Occidente tienen que conciliarse. Una prueba de ello son los trabajos de Erich S. Fromm (1900-1980) y el Teitaro Suzuki (1870-1966) con su libro *Budismos zen y psicoanálisis*.

Todo lo construido mentalmente no deja de ser mental, y la naturaleza mental en sí es vacía; de ello da cuenta toda la tradición meditativa de Oriente, empezando por el yoga, el advaita, el budismo, el taoísmo, etc. Y en Occidente la tradición hermética nos refiere a las enseñanzas egipcias de Hermes Trimegisto, que nos dice: «*todo es mente, todo es mental, el universo es mental*». Si construimos nuestra identidad desde una naturaleza mental y desde ella gestamos un «yo», dicho «yo» en sí es un formato vacío, tan vacío como la mente, siendo la gran carencia del «yo» el no reconocer su naturaleza vacía por falta de autoconciencia. El ego, ignorante de su naturaleza vacía, se fue polarizando hacia el mundo externo, un mundo regido por la «*guna*» o cualidad de «*tanas*», que es la inercia donde la realidad parece más palpable que la realidad de los sueños. Es en el estado de vigilia donde la época mental ha querido fijar su asiento, pues en su división dual el ego mental se siente más identificado con el mundo exterior y en su sueño ilusorio cree que tal estado es real, no siendo más que otro constructo mental, el sueño de Brahma. A falta de reconocer la realidad del «yo» caemos en un enorme vacío existencial que pretendemos llenar y rellenar con todo lo exterior, mientras que el vacío interior sigue engullendo formas que nunca podrán llenar nada puesto que «forma» y «vacío» son lo mismo. Recordamos el *Sutra del corazón*: «*la forma equivale al vacío; el vacío equivale a la forma; la forma es precisamente el vacío, el vacío es precisamente la forma*». En pocas palabras, el «yo» en sí es vacío y necesita llenar su vacío con infinidad de objetos y realidades aparentes, cayendo en un pozo sin fin donde el deseo del *samsara* o existencial no tiene fin.

Todos los problemas humanos contemporáneos tienen como fondo el no reconocimiento de la naturaleza del «yo». De ahí el desorbitado deseo de tener más y más, de acumular por acumular, surgiendo el temor, el miedo desde que dejamos de reconocer la naturaleza vacía de la mente. Del miedo brotan la ira y todo un lastre de deseos que pretenden suplir el vacío. En cambio, la meditación en todas las tradiciones apunta hacia el vacío, la nadidad, el desasimiento.

El «sentido espacial» nos proporciona el reconocimiento de nuestro espacio natural, nos permite apreciar la naturaleza de la mente y salir de nuestros propios patrones y condicionamientos, una tarea que no es fácil. Pero tal ejercicio, esto es la contemplación, se ha dado en todas las tradiciones.

La contemplación en Occidente tiene tres niveles: purgativo, iluminativo, unitivo. El primer nivel es un trabajo duro, puesto que la mente de un novicio en meditación es hiperactiva, y no resulta fácil alcanzar una relajación física y mental adecuadas para iniciar una verdadera observación de uno mismo, abriéndose sin prejuicios ni preconceptos a la realidad. En esta primera etapa purgativa, uno se encuentra con todos los obstáculos, que se conocen como *indriyas* (sentidos que deben ser conocidos y usados conscientemente), deseos, pecados, «yoes», etc. Surge un Ejército de obstáculos, «yoes» que se mueven en nuestro interior sin orden ni control.

Con paciencia y serenidad abordamos el segundo nivel de contemplación iluminativa. En este periodo se inicia el reconocimiento de una nueva luz, lo que se denomina *Atman*, dios, conciencia cósmica. Este periodo es un tránsito difícil porque el candidato se encuentra a mitad de camino entre la luz y las tinieblas; entonces surge el juego dual entre lo espiritual y lo material. Por ignorancia se produce el propio deseo espiritual, siendo este un obstáculo igual o peor que el existencialismo vano.

Por fin se accede al tercer nivel de contemplación unitivo, donde la dualidad se extingue; con ello el «yo» también desaparece, siendo sustituido por la conciencia plena de uno mismo: un «Yo Soy» que es «Hijo del Hombre» y que se ha convertido en: «Yo Soy el camino, la verdad y la vida».

El relato del ego es el relato del sueño de Brahma, mientras que el relato del «Yo Soy» es el relato de una presencia siempre presente, aunque el «yo» no sea siempre consciente de tal presencia original y atemporal.

Lo uni-total y la dualidad

Lo uni-total es absoluto, contiene una verdad única, es inmutable, pertenece a todos, trasciende a todos, es atemporal, no tiene principio ni fin, lo abarca todo. Al contenerlo todo es múltiple, diverso, variable. Por tanto la verdad absoluta y única contiene la verdad relativa, que es circunstancial, temporal, cambiante. Lo absoluto y lo uni-total, que es «Uno en Todo», contiene la «dualidad» y todas las demás partes. Cuando surgimos del «Uno» y no nos diferenciamos en la multiplicidad, nuestra conciencia inicia su viaje de auto-conciencia, que provoca un parto doloroso, semejante al nacimiento de una criatura. ¿Pueden ustedes imaginarse el dolor y la angustia que sentiría un niño en su primer septenio, perdido y fuera de su ambiente conocido? El sufrimiento sería tanto para los padres como para la criatura. Pero pónganse en el caso de la criatura que aún ignora su realidad y su entorno; entonces se produce un cisma, surge un «yo» ante un todo desconocido. Realmente debe ser una sensación angustiosa que marca el alma de la criatura. Este es un parto doloroso donde se inicia un viaje de reconocimiento de uno mismo, y el parto divide la unidad, formándose una dualidad entre el «yo» y el «Todo». De este modo surgen el «yo» y la «dualidad». Desde sus orígenes, el «yo» rompe con la unidad y se forma la dualidad, y desde la dualidad una incesante partición; se suceden nuevas divisiones, nuevas partes en la medida en que el «yo» se multiplica, formando su propio espacio, su propio lugar, su propia casa, su propio partido, su propio país, y en sucesivas divisiones y propiedades crea todo un mundo lleno de fronteras, separaciones y divisiones entre «tú y yo», «lo mío y lo tuyo», «ellos y nosotros», lo «nuestro y lo vuestro», etc. El «yo» es dual desde sus inicios y por ello solo puede reconocer una verdad relativa.

El viaje del «yo» es un viaje de auto-reconocimiento, en el que ha ido pasando por diversas etapas y estados hasta llegar a esta época y estado mental. En todo el viaje la dualidad del «yo» se ha hecho más fuerte, generando un egocentrismo igualmente fuerte. El propio «yo» escindido o separado de su origen es incapaz de reconocer sus orígenes; es como si el niño perdido del ejemplo ya no pudiese reconocer a sus padres. Así, el «yo» solo reconoce lo que él mismo ha creado y formado. Como hemos dicho, el ego se siente existente o más vivo en el estado de vigilia, o lo que llamamos mundo exterior, pero eso no quita que el estado de sueño exista, como también el del sueño profundo o sueño sin sueños. Así le aconteció a Chuang Tzu, que «*soñó que era una mariposa, y al despertar no sabía si era un hombre que había soñado ser una mariposa, o una mariposa que soñaba ser un hombre*». Los diferentes estados de conciencia señalan el camino que el «yo» ha ido realizando, siendo el final del viaje reconocer su origen. Un origen en realidad siempre presente que en la biblia se presenta como el «Yo Soy» y, como muestra la parábola del «hijo pródigo», el padre u origen siempre tendrá las puertas abiertas para que su hijo regrese.

Por ello es imprescindible trascender la dualidad en pos de lo «Uno», de la unidad no dual; eso enseñan el Maestro Eckhart, Ramana Maharshi, Nagarjuna, Garab Dorje, Padmasambhava, Lao Tse, Ramakrisna, Vivekananda, Sivananda, y un largo etcétera de mantras. Este último, Sri Sivananda, decía que el espacio que hay dentro de una botella y el espacio que hay fuera de la botella es todo un mismo espacio. Este ejemplo sobre el espacio es muy usado en las enseñanzas Dzogchen provenientes del Tíbet, pero también es usado en la cábala, señalando que más allá de lo creado o manifestado se encuentra el «Ain» un espacio inmanifestado, abstracto y absoluto donde se halla nuestro origen. En este viaje de regreso, la conciencia deberá integrar todos los estados y etapas que ha recorrido, asumiendo la inmanencia y la trascendencia de todos los estados en un «Todo». En este regreso el propio «yo» vivirá su disolución, pues en la medida en que se integren todos los estados, el de vigilia, el estado de sueño y de sueño profundo, se alcanzará el cuarto estado de conciencia, o estado de *Turiya* o de *Nous*.

Segunda parte.
Regreso al edén

Capítulo 1.
La verdad actual

No se trata de alarmar, se trata de ver la realidad. ¿Cuál es el estado actual de la humanidad? ¿Podrá esta humanidad superar su crisis? Ciertamente que la situación es global, pues hoy los problemas son globales y afectan a todos los pueblos y rincones de nuestro hermoso planeta, por lo que nuestro común devenir y problema no es tarea fácil de resolver.

Seguramente la solución no será de nuestro agrado, pero eso solo es un problema de nuestro «yo». Como decía el sabio Jiddu Krishnamurti (1895-1986): «*El mundo no es algo separado de ti y de mí; el mundo, la sociedad, es la relación que establecemos o buscamos establecer entre nosotros. Así que tú y yo somos el problema, y no el mundo, porque el mundo es la proyección de nosotros mismos y para entender el mundo debemos entendernos a nosotros mismos. Ese mundo no está separado de nosotros; nosotros somos el mundo y nuestros problemas son los problemas del mundo*».

De modo que es prácticamente inviable darle una solución colectiva a este mundo si el individuo no cambia. Muchos son los esfuerzos individuales y colectivos por intentar hacer cambiar a las personas, pero son pocos los individuos que se proponen seriamente un cambio, la transformación de su conciencia. Pero sobre esta cuestión ya se ha dicho mucho; quizás interese ver un poco más a fondo las raíces de nuestro problema, que sin duda concierne a la conciencia de nosotros mismos.

Dicen los tántricos orientales que hay tres momentos semejantes en cuanto a su naturaleza: el bardo de la muerte, el instante en que nos quedamos dormidos y el *samadhi-tántrico*. En esos momentos caemos en el estado de sueño profundo o sueño sin sueño, que de algún modo debe ser asumido como inmanente y a su vez trascenderse; al ser trascendido reconoceremos este estado como nuestro origen.

Pero la cuestión es ¿nos lleva el estado original hacia un estado o mundo exterior? ¿dónde nos atrapa el sueño de Brahma? Pues en el mismo momento en que se genera el «yo», surge la dualidad en toda la Creación. Así se forman dos corrientes o energías polares y complementarias como un Tao y su yin-yang. Nos referimos a la energía centrípeta y a la centrífuga. De este modo se refiere el Maestro Samael a estas dos energías: *«Todos los seres vivimos sumergidos en el océano infinito de la mente universal. Así todos vivimos dentro de todos. Nadie puede separarse mentalmente. La herejía de la separatividad es la peor de las herejías.*

»La actividad intelectual de la mente universal dimana de una fuerza centrípeta; y como a toda acción sigue una reacción, la fuerza centrípeta, al hallar en el centro una resistencia, reacciona y crea una actividad centrífuga llamada alma cósmica. Esta alma cósmica, vibratoria, resulta ser un mediador entre el centro y la periferia, entre el espíritu universal de vida y la materia, entre la gran realidad y sus imágenes vivientes».

Un gran maestro dijo: «*el alma es el producto de la acción centrífuga de la actividad universal impelida por la acción centrípeta de la imaginación universal*».

Todo individuo puede fabricar alma. Cuando conocemos la técnica de la meditación interna, cuando dirigimos el poder mental al interior de nuestro propio centro, la resistencia que hallaremos internamente causará su reacción, y cuando más vigorosa sea la fuerza centrípeta que apliquemos, más vigorosa será también la fuerza centrífuga que se formará. Así fabricamos alma. Así el alma crece y se expande. Un alma fuerte y robusta encarna y transforma el cuerpo físico: lo transforma en materia más sutil y elevada hasta convertirlo también en alma.

Lo centrípeto y lo centrífugo

Salimos del Edén por una corriente centrífuga que nos sacó del centro para hacer perdernos en la periferia. Es decir, que hemos ido saliendo de nuestro interior y trasladándonos hacia lo exterior, lo que según las *gunas* o cualidades del universo significa que hemos ido viajando y pasando del estado original a la cualidad *sattva* (pureza, espiritualidad, sueño sin sueño), un estado intermedio a la cualidad de *rajas* (emoción, deseo, psiquis, sueño), hasta llegar a la cualidad *tamas* (inercia, materialismo, vigilia). Así que en realidad, cuando fuimos expulsados del Edén nos dejamos llevar por la energía centrífuga; esta energía se puede llevar consigo nuestra energía sexual, con todas las consecuencias físicas, psíquicas y espirituales (seguiremos comentando al respecto) subsiguientes.

En la realidad contemporánea estamos totalmente volcados hacia el exterior, lo que agrava la crisis de la etapa o época mental, pues estamos sumidos en la inercia, en «*tamas*», y no somos capaces de salir de ella, pues la energía centrífuga nos empuja hacia lo exterior sin que pongamos conciencia a nuestro común problema. Andamos perdidos en nuestra periferia, en el mundo exterior; en cierto modo hemos perdido el «norte» o la referencia del centro, de nuestro origen, de nuestro interior, de nuestro Edén, de nuestra esencia y pureza. En la filosofía de E. Kant (1724-1804) se encuentra este comentario: «todo lo exterior es interior». Esta inmensa reflexión reconoce la conexión entre lo exterior e interior. Lamentablemente pocos son conscientes de este hecho, condicionados por la energía centrífuga que hoy empuja con toda su potencia. En nuestro regreso hacia lo interior, la meditación y la interiorización son fundamentales, así como el cuidado y el conocimiento de la energía que se mueve desde lo interior hacia lo exterior, desde *sattva* (pureza) a *tamas* (inercia), pasando por *rajas* (emoción). Toda la ciencia del «tantra» y la «alquimia» se basa en conocer esa energía y su relación e influencia sobre nuestros estados de conciencia.

El ser y la voluntad entre lo divino (eterno) y lo humano (temporal)

Martin Heidegger (1889- 1976), uno de los filósofos más influyentes del siglo XX, se planteó como una necesidad —a la que se refiere como «pregunta única»— la cuestión del «ser», que trata en su libro *Ser y tiempo*. Si toda solución a nuestros conflictos está en nosotros mismos, ¿por qué nos olvidamos de nuestro «ser», de nuestro «Yo Soy»? Pues porque nos hemos desplazado de nuestro centro ser y estamos dando vueltas por la periferia como si de una noria se tratara. La meditación, como instrumento de interiorización y reconexión con la energía centrípeta, fue también inquirida por M. Heidegger, quien se interesó por el budismo zen y el taoísmo, siendo evidente en la praxis meditativa la lucha entre lo exterior e interior. Porque ¿quién es dueño de su voluntad? Se sobreentiende que uno mismo es el dueño de su voluntad, pero ¿por qué nos cuesta tanto meditar, interiorizar y serenar nuestra mente? ¿Cómo está organizada nuestra voluntad y quién en nosotros mismos la maneja? ¿La voluntad es una o es múltiple?

La voluntad se debe orientar hacia un propósito, pues cuando empezamos a dividirla surgen el conflicto y la lucha; un conflicto y una lucha interior que aún están por resolver. Podemos plantear que la voluntad, cuando se dirige hacia lo interior, se encuentra con la unidad, con el centro, con el «Ser-Yo Soy». Pero cuando la voluntad se vuelca hacia el exterior, se pierde en la periferia, en la multiplicidad, en las formas variantes, se divide y se pierde en mil y un detalles. Por tanto, encontramos que la voluntad es de uno mismo, pero si uno mismo se encuentra en su periferia, su voluntad, aparte de dispersa, estará mal enfocada. En cambio, si la voluntad es dirigida hacia nuestro interior, encontraremos primero un caos que ordenar, y por tanto un orden que establecer, y de ahí un encuentro con la armonía, el equilibrio, la serenidad, y la paz.

La voluntad se mueve entre la luz-orden y las tinieblas-caos. Podemos decir también que la voluntad se mueve entre lo divino y lo humano, siendo su conquista definitiva la unión de lo divino y lo humano, de lo interior y lo exterior. La voluntad se conquista de modo definitivo cuando cesa el conflicto entre lo exterior y lo interior, lo de arriba y lo de abajo, lo divino y lo humano, obteniendo un Tao en perfecta armonía. En tal conflicto dual se exaspera el neófito en la meditación pues el tiempo parece que siempre intercede en favor de lo exterior, de la periferia, de lo humano, dejando atrás lo atemporal, la paz, el sosiego, la unidad. Lo humano es temporal y lo divino es eterno; entonces el neófito descubre que su condición es angustiosamente temporal y que su anhelo de lo divino y eterno es inalcanzable, quizás solo una utopía. Tanto M. Heidegger como Jean Gebser buscaron resolver el conflicto de lo temporal, porque mientras este conflicto persista, la crisis de la época mental actual seguirá agravándose.

La determinación y el sentido espacial

El tiempo, la cuarta dimensión, el sentido espacial y la determinación, se vinculan al ser. El ser lo solemos ubicar en el centro, y en realidad es el centro de la esfera que no tiene un punto fijo. La realidad del ser se mueve en el «océano de la vida libre en su movimiento». El ser, la vida, siempre están en movimiento; lo que debemos comprender es que el movimiento es perfectamente compatible con lo inmutable, con lo permanente, con lo eterno. Todo lo que es cambiante termina en su tiempo, en su existir, y llegado su final entrará en el sueño profundo, en el sueño sin sueños, es decir, su existencia quedará suspendida en un espacio atemporal. Eso mismo sucede en el bardo de la muerte y todas las noches cuando caemos dormidos en el sueño profundo y en el propio éxtasis de meditación y samadhi-tántrico. Unir lo temporal y lo atemporal en un «Uno-Todo» es posible mediante la autoconciencia de uno mismo, no hay otro modo. El ser es el centro siempre permanente, siempre presente, es el alfa y el omega; no existe en lo temporal, ni en lo fenoménico, pues trasciende toda circunstancia. Todo acto se mantiene imperturbable, es origen. Pero el ser también es movimiento, vida, cambio, transformación; vive en lo temporal, en lo caduco y en la experiencia.

San Francisco de Asís comentaba con santa Clara que un tiempo era el de las plantas y otro tiempo el de los animales y otro más el de los hombres, y otro diferente era el de Dios, de tal modo que los hombres no alcanzábamos a comprender los designios de «Dios-Yo Soy» porque solo teníamos en cuenta nuestro tiempo humano. Sobre la cuestión del tiempo hemos visto cómo veían los antiguos griegos a Cronos, a Aion y a Kairós, siendo siempre lo temporal aquello que nos apremia y aquello que hemos de solucionar y trascender, puesto que solo tenemos en consideración el tiempo humano-temporal, dejando en el olvido el centro inmutable y atemporal.

Nuestro sentido espacial debe abarcar lo temporal y lo atemporal; esa es la condición plena de la conciencia de uno mismo, del «Yo Soy». La determinación de nuestros actos tendrá que moverse entre lo temporal y lo atemporal, entre lo transitorio y lo que permanece. La crisis actual nos vence y nos agobia porque no alcanzamos a solucionar los innumerables problemas que surgen uno tras otro, y no podemos afrontar con lucidez lo que se nos acumula, optando por poner un parche sobre otro en esta inflación del «yo», petrificado en su ayer, en su tiempo que repite una y otra vez, recurrentemente, sin cesar, agudizando la crisis hasta límites que ya nos obligan a frenar. Frenamos, retrocedemos, cogemos un nuevo impulso para tropezar de nuevo con nuestros topes, agravando la crisis hasta sus últimos límites.

Quizás la «generación *millennial*» quiera escapar del dominio del tiempo, y en la medida en que la tecnología –sobre todo la de las comunicaciones–, es más rápida, también la exigencia de solucionar los problemas rápidamente es mayor. De modo que todo aquello que con las nuevas tecnologías le ganamos al tiempo, lo perdemos con la misma inmediatez con la que lo hemos ganado. Pues el problema no se encuentra en las nuevas tecnologías, sino en nuestros estados de conciencia, esa conciencia que se encuentra en apuros y olvidada en el mundanal bullicio de la periferia. Si no tenemos en cuenta, como sí lo tuvo San Francisco, que hay diferentes tiempos, nuestro sentido espacial no podrá abrirse a una visión integral.

La determinación, y nuestros actos surgidos de tal determinación, deberían integrar todos los tiempos y estados, girando sobre el eje central de lo atemporal. Solo el ser es determinante, solo el ser en su condición absoluta, «uni-total», puede unificar la voluntad humana y divina, lo temporal y lo atemporal.

Capítulo 2.
El origen, el umbral y el sueño profundo

¿Cuál es el origen del ser? M. Heidegger lo buscó, como otros tantos filósofos, místicos, poetas o artistas, y tanto en Oriente como en Occidente todos los buscadores del origen del ser concluyen que se encuentra más allá de toda dualidad, lo que le confiere un estado de «talidad», esto es, la cualidad de buda tathagata. Respecto a la dualidad es mucho lo que se ha escrito y comentado; aquí mostramos un ejemplo del *sutra Prajnaparamita*:

«Entonces el Honrado por Todo el Mundo le preguntó a Mañjushri: 'Tú fuiste el primero en llegar aquí, ¿deseas ver al Tathagata?'

»—Mañjushri —replicó al Buda—: Sin duda, honrado por todo el Mundo; yo vine aquí para ver al Tathagata. ¿Por qué? Yo me deleito haciendo la contemplación correcta para beneficiar a todos los seres sintientes. Yo veo al Tathagata por las apariencias de la verdadera talidad, no cambiando nunca, no moviéndose nunca, no actuando nunca, sin nacimiento ni muerte, ni existente ni no existente, ni en alguna parte ni en ninguna, ni en el pasado, presente o futuro, ni dual ni no dual, ni puro ni impuro. A través de apariencias como estas, yo observo al Tathagata correctamente, beneficiando a los seres sintientes.

»El Buda le dijo a Mañjushri:

»—Si uno ve al Tathagata de esa forma, su mente ni se aferra ni no se aferra; ni acumula ni no acumula».

Un mensaje semejante lo encontramos en el evangelio de Tomás:

«Jesús vio unas criaturas que estaban siendo amamantadas y les dijo a sus discípulos: 'Estas criaturas a las que están dando el pecho se parecen a quienes entran en el Reino'. Ellos le dijeron: '¿Podremos nosotros —haciéndonos pequeños— entrar en el Reino?' Jesús les dijo: 'Cuando seáis capaces de hacer de dos cosas una, y de configurar lo interior con lo exterior, y lo exterior con lo interior, y lo de arriba con lo de abajo, y de reducir a la unidad lo masculino y lo femenino, de manera que el macho deje de ser macho y la hembra hembra; cuando hagáis ojos de un solo ojo y una mano en lugar de una mano y un pie en lugar de un pie y una imagen en lugar de una imagen, entonces podréis entrar [en el Reino]'».

Es mucho lo comentado sobre la «no-dualidad» y que apunta a la talidad o uní-totalidad. Esto decía Plotino (204-270) en sus *Eneadas*:

«El Uno no puede ser ninguna cosa existente, sino que es primero que todas las cosas existentes». (III 8,8)

«El Uno es tal que nada puede predicarse de él, ni el ser, ni la esencia, ni la vida, porque está por encima de todas estas cosas». (III, 8,9. V 4,1.)

Y sobre el «Uno-Todo», la enseñanza Dzogchen dice:

«Toda Realidad está enraizada en el UNO. Inseparable de la mente del perceptor, el preceptor también es UNO con la raíz o suelo primigenio de la realidad. Cuanto puede uno afirmar sobre esta realidad es ininteligible en el sentido que una roca es nombrada como roca, pero en sí misma la roca no tiene nombre alguno. Los nombres son una simple y sencilla diversión a la que juega nuestra mente. Mientras tanto, la totalidad de cuanto existe —el mundo fenoménico de las apariencias— es completamente benéfico, no es malo o desordenado, no intenta dañarte o matarte, ni aun cambiar

hacia algo distinto de la bondad. Si llegas a ser, sin nombre ni personalidad fenoménica, no habrá lugar al esfuerzo de tu ego en nada de lo que hagas».[11]

Busquemos el «umbral», donde encontraremos el mito del dios Jano, el dios de doble rostro. Entre los misterios del mito y de la masonería podemos encontrar el siguiente texto:

«Los antiguos tenían gran veneración al Sol, a cuyo culto dedicaron muchos de sus templos. Los solsticios acaparaban gran atención, ya que son los momentos anuales en los que el Sol llega a sus puntos más lejanos de oscilación, en junio y en diciembre, aparentando detenerse (de ahí el término Sol-stitĭum, Sol quieto). Los dos solsticios marcan la división del año en dos mitades, una ascendente y otra descendente (San Juan Bautista, o de verano, es denominado el Precursor y dice de Cristo: 'A él conviene crecer; más a mí decrecer'), que realizan un ciclo completo. ¿Porqué el Sol viene y se va? Porque en esta vida no hay luz sin oscuridad, positivo sin negativo, masculino sin femenino.

»En Roma, el Dios Jano (Janus), dios de la Astronomía y la Arquitectura, era quien presidía las puertas solsticiales y las iniciaciones. Era la puerta no solo solsticial, sino también iniciática. Así, el solsticio de verano, cuando el Sol llegaba a su punto más alto para empezar su curso descendente, era conocido como 'Janua Inferni' o la 'Puerta de los hombres' y el solsticio de invierno como 'Janua Cœli' o la 'Puerta de los dioses', por su ciclo ascendente. La 'Puerta de los hombres' es una puerta de descenso que nos conduce a la verdad en un tránsito hasta la 'Puerta de los dioses' (solsticio de invierno). El descenso al mundo interior de cada individuo (a semejanza del trayecto solar) se convierte en

---

11 *Investigación y desarrollo crónicas de la historia cósmica: el proyecto de la historia cósmica: el proyecto rinri: Dzogchen: Comentarios de 3ª Parte del Despertar del Cuco.*

el camino hacia la sabiduría que reside en nuestro interior. Los solsticios son una iniciación a los misterios del hombre: 'Conócete a ti mismo'».

Jano posee una relación especial con el Universo, centrada sobre el mantenimiento de la armonía cósmica y sobre los ritmos que la expresan. El mito nos narra que Saturno fue a refugiarse al reino de Jano y le otorgó, en recompensa, la capacidad de observar pasado y porvenir, para decidir sabiamente. Su templo tenía doce altares y su forma era cuadrangular. La figura del Dios situada sobre un pedestal en el eje central miraba simultáneamente a Oriente y Occidente. Era mediador entre los mortales y los inmortales, el que elevaba las plegarias de los hombres a las divinidades. Los pontífices constituían el colegio sacerdotal sobre el que giraba el culto romano. A ellos se les confiaba la custodia del Templo de Jano.

»Considerado como el portero que abría y cerraba las puertas o épocas. Por ello se le denominaba el 'Señor del Tiempo', poseedor de las llaves. Poseía una rica iconografía, en la que lo más destacado era su representación con dos rostros, de ahí el calificativo de Jano Bifronte. Uno miraba hacia el pasado que condiciona lo que somos, nuestro presente, donde se debe tomar consciencia, lo que implica una regeneración del alma. El otro a la derecha, al futuro, simbólicamente, al mundo celeste y solar ligado al conocimiento.

»Las llaves servían para abrir las puertas del Cielo y del Infierno. Además, Jano es el maestro de las dos vías, ascendente y descendente, y por tanto 'Señor de la Iniciación'. Los dos rostros de Jano contemplan el ciclo de manifestación y muestran un tercer rostro (invisible) que observa el 'eterno presente'. Este tercer rostro destruye el pasado y el futuro, es el rostro que contempla la eternidad».

En el umbral del ser, encontramos al dios Jano Bifronte. Por un lado, centrífugo, por otro, centrípeto; por un lado, masculino, por otro, femenino; la «Unidad es andrógina». Allí encontramos a «Adán Solus»; este es Adán andrógino, cuando Eva aún no había surgido de la costilla de Adán. En esa primera humanidad proto-homínido Eva era andrógina y protoplasmática según H. P. Blavatsky, como una célula madre originaria. Del tomo 3 de *La doctrina secreta* de la autora arriba citada, recogemos lo que sigue:

«El hecho de la existencia de mamíferos hermafroditas anteriores, y la separación de sexos subsiguiente, son ahora indiscutibles, hasta desde el punto de vista de la Biología».

Como dice el profesor Oscar Schmidt, darwinista declarado:

«El uso y el desuso, combinados con la selección, ponen en claro la separación de los sexos y la existencia, totalmente incomprensible de otro modo, de los órganos sexuales rudimentarios. Especialmente en los vertebrados, cada sexo posee rastros tan claros del aparato reproductivo característico del otro, que hasta la misma antigüedad consideraba el hermafroditismo como una condición primitiva, natural, de la humanidad... La tenacidad con que se heredan estos rudimentos de los órganos sexuales es notable. En la clase de los mamíferos no existe el verdadero hermafroditismo, aunque durante todo el período de su desarrollo han arrastrado siempre consigo estos restos, llevados por sus antepasados desconocidos, nadie sabe por cuánto tiempo».

El dios Jano es el eje que permite entrar y salir. En su androginismo encontramos el símbolo del budismo *vajrayana* y el *tantra*, donde hombre y mujer se unen sexualmente para formar el ser andrógino, entendido primeramente como una actitud psicológica que se acerque a lo ontológico, al origen de nuestro ser. Lo humano es femenino, lo divino es masculino; lo femenino es lunar, material, pasivo, receptivo, mientras que lo masculino es solar, espiritual, activo, emisor; las dos naturalezas del yin-yang del Tao son opuestas y complementarias. Pero lo destacable, lo supremo en esta cuestión, es el éxtasis o *samadhi* tántrico obtenido en la unión. Lo que es simbólico en las primeras etapas del *tantra* se convierte en praxis de una realización del *tantra* sexual en las etapas finales del *kalachacra* y del *mahamudra*, pasando por el *tantra* madre y el *tantra* padre. Segun Su Santidad el Dalai Lama, en *The world of Tibetan Buddhism*:

«*Dentro de las cuatro clases de tantra hay muchas subdivisiones. El yoga del tantra superior consiste en ciertas categorías como el tantra padre, el tantra madre, y además de estas, de acuerdo a ciertos eruditos, los tantras no-duales. Afamados eruditos como Taktsang Lotsawa Sherab Rinchen dividieron el yoga del tantra superior en estas tres categorías sobre la base de las tres iniciaciones que maduran diversas facultades de los practicantes del estadio de consumación. Desde esta perspectiva, los tantras que enfatizan la iniciación secreta pertenecen a la categoría de tantras Padre, aquellos que enfatizan la iniciación a la sabiduría, pertenecen al tantra madre, y aquellos que enfatizan la cuarta iniciación, pertenecen a la categoría de tantras no-duales. Esta manera de definir las tres divisiones tiene profunda significación*».

Recordemos que «*en Roma, el dios Jano (Janus), dios de la Astronomía y la Arquitectura, era quien presidía las puertas solsticiales y las iniciaciones*». Es obvio que estas iniciaciones también tenían sus categorías o niveles, así como sus enseñanzas y prácticas, siendo la clave de la práctica lo dicho por Jesús: «*Cuando seáis capaces de hacer de dos cosas una, y de configurar lo interior con lo exterior, y lo exterior con lo interior, y lo de arriba con lo de abajo, y de reducir a la unidad lo masculino y lo femenino, de manera que el macho deje de ser macho y la hembra hembra*».

Amor y sabiduría son las claves para obtener la unidad, para que el macho deje de ser macho y la hembra hembra. El padre es sabiduría y la madre amor, y viceversa. En la unidad no dual las fronteras se disuelven, conciliándose las dos fuerzas universales y formando una tercera energía conciliadora. En dicha conciliación hay perdón, redención, liberación, esplendor, luz, surgiendo la sabiduría y el amor sin obstáculos ni condiciones, libres de ignorancia.

En el estado no dual, la integración es total; la unidad todo lo concilia mediante el amor y la sabiduría. Entonces no hay ego, ni «yo», ni nada que diferencie el «Todo» del «Uno». Este es un estado difícil de mantener mientras en nosotros exista el deseo del «yo». Sin embargo, es un estado natural que surge en el bardo de la muerte, donde nos reencontramos con la luz esencial, llamada en el *Bardo Todol* «madre clara luz». El mismo estado de un modo menguado surge en el sueño profundo cada vez que nos quedamos dormidos; y también en el momento de la práctica tántrica sexual, cuando se alcanza el éxtasis tántrico. Es un éxtasis sin deseo, sin «yo», que surge de modo natural por la fusión del amor y la sabiduría.

El sueño profundo, o sueño sin sueño, es el umbral de la conciencia absoluta, de donde vendrá el estado de *Turiya* o estado de *Nous* o cuarto estado de conciencia. En tal estado el sentido espacial está plenamente activo, despierto. El ser en sus orígenes es unidad y tal origen sigue presente, como evidencia el bardo, en el sueño profundo y el éxtasis tántrico. Sin embargo, tal luz es una turbación, un cegarse, una ofuscación para el «yo» y su historia personal. Es por ello que Pablo de Tarso quedó cegado en su conversión cuando Cristo lo deslumbró camino a Damasco. Por tanto, regresar a nuestro estado original se convierte en una experiencia amarga y dolorosa para el «yo» y su actual estado mental-dual. Pues su paulatina separación desde sus orígenes hasta su propia concepción actual del mundo y de sí mismo le tiene condicionado, carente de apertura. Nuestro «yo» actual está encarcelado entre sus propios conceptos mentales, que han formado los barrotes de su propia cárcel, a lo que hay que añadir el hecho de que el «yo» está impelido continuamente por la energía centrífuga.

Capítulo 3.
Vuelta al origen

Existe una dicotomía o aparente contradicción en el despertar de la conciencia. En principio salimos del Paraíso, o estado original, sumidos en un sueño profundo, y nos situamos en la época arcaica. Los mitos nos hablan en *El libro de Enoc* de la rebelión de los ángeles, mito que se relaciona con Lucifer, quien quiso ser semejante a Dios. Por su parte, Isaías, el profeta, escribió:

«*¿Cómo caíste del Cielo, lucero brillante, hijo de la aurora? ¿Echado por tierra el dominador de las naciones? Tú, que decías en tu corazón: subiré a los cielos en lo alto; sobre las estrellas de Dios elevaré mi trono.*

»*Me instalaré en el monte santo, en las profundidades del Aquilón subiré sobre la cumbre de las nubes, y seré igual al Altísimo. Pues bien, al sepulcro has bajado, a las profundidades del abismo*». (XlV, 12, 15)

A este mito le sigue la tentación de Lucifer disfrazado de serpiente en el Edén, tentando a Adán y Eva con el árbol del bien y del mal, o del conocimiento, diciéndoles:

«3: *Pero la serpiente era astuta, más que todos los animales del campo que Jehová Dios había hecho; la cual dijo a la mujer: ¿Conque Dios os ha dicho: 'no comáis de todo árbol del huerto'?*

² *Y la mujer respondió a la serpiente: 'Del fruto de los árboles del huerto podemos comer';*

³ *pero del fruto del árbol que está en medio del huerto dijo Dios: 'No comeréis de él, ni lo tocaréis, para que no muráis'.*

⁴ *Entonces la serpiente le dijo a la mujer: 'No moriréis',*

⁵ sino que sabe Dios que el día que comáis de él, serán abiertos vuestros ojos, y seréis como Dios, sabiendo el bien y el mal'.

⁶ Y vio la mujer que el árbol era bueno para comer, y que era agradable a los ojos, y árbol codiciable para alcanzar la sabiduría; y tomó de su fruto, y comió; y dio también a su marido, el cual comió, así como ella». (Génesis)

Fueron entonces tentados Adán y Eva para llegar a ser semejantes a Dios; desde la perspectiva gnóstica y del «sí mismo» la fuerza luciferina es centrífuga: busca separarse del centro, del origen, marcando una distancia, realizando una escisión entre el seno del «Uno-Todo» para convertirlo en «Uno en el Todo». Esto significa que la conciencia emerge de «uno mismo» como individuo separado de la totalidad, saliendo del umbral hacia lo exterior, hacia la periferia, pues Lucifer se rebela una y otra vez dentro de nosotros, buscando la semejanza con Dios. Aunque finalmente, como dice el profeta Isaías, «*al sepulcro has bajado, a las profundidades del abismo*». Pues como sombra del logos —como también se le denomina a Lucifer—, siempre es impulsado instintivamente hacia lo exterior.

Sobre la primera etapa de nuestra conciencia de «nosotros mismos» nos dice Ken Wilber: «*A este estado inicial de unidad material —que Piaget denomina 'protoplasmático'— es a lo que nosotros hemos denominado estadio pleromático-urobórico (unificando para abreviar ambos estadios). 'Pléroma' es un antiguo término gnóstico que significa universo material, materia prima y materia virgo; 'uróboros', por su parte es la imagen mítica de la serpiente que se muerde la cola, un término que se refiere a aquello 'encerrado en sí mismo' (autístico) e incapaz de reconocer a otro (narcisito)*».

La visión o estado pleromático-urobórico se puede entender en el contexto del umbral de la conciencia como una indiferenciación entre el «Todo y Uno». Ahí la materia es aún virgen. El pleroma es materia prima incontaminada; en cambio el uróboro puede tener diferentes interpretaciones; a nuestro parecer es autista porque aún es incapaz de reconocerse en el «Todo» o entorno (recordemos el efecto espejo, por el cual el niño no se reconoce a sí mismo hasta los dieciocho meses), es incapaz de reconocer a otro, pues no teniendo identidad propia aún, el resto también carece de identidad; digamos que la identidad es «Uno-Todo». Para Jean Gebser el mito de Narciso representa el surgir del alma en el periodo mítico. El que Narciso se enamore de sí mismo al verse reflejado es una demostración de que pretende afirmarse a sí mismo para dejar de estar expuesto a su entorno que siente diferente de él.

La contradicción en el despertar de la conciencia es que en realidad salimos del estado original, del Edén, para volver al Edén, al estado original. Pero tal viaje es necesario para reconocerse a «uno mismo» en el «Uno-Todo» sin caer esta vez en la escisión o «herejía de la separatividad», que es la peor de las herejías, como bien nos señala el Maestro Samael. Este volver al origen siempre presente, como muestra Jean Gebser, implicará integrar y trascender el propio sueño profundo y el resto de estados de conciencia, sueño y vigilia. Este regreso significa que tendremos que vencer a nuestro Lucifer y su poder centrífugo, que tiene su base en nuestro instinto y sexualidad. La enseñanza del *tantra* o alquimia sexual nos permitirá ahondar y comprender esto a lo que nos estamos refiriendo.

Regreso sin regresión

Nos comenta Ken Wilber que la psicología de Freud es regresiva; esto es que siempre regresa a los estados primarios para resolver las carencias o conflictos psicológicos, pues pone todo el peso de lo inconsciente en lo primario, en las etapas oral, anal, fálica, de latencia y genital. Decía S. Freud que todas las religiones tenían origen sexual. Y no le faltaba razón. Sin embargo, Freud no alcanza a ver todo el arco de desarrollo humano que plantea Ken Wilber, pues la psicología occidental no puede quedarse solo en una cuestión terapéutica, donde solo importan el rol social y que el individuo sea simplemente funcional en su rol. Explica Ken Wilber que en el ciclo global de la vida hay tres etapas, contenidas en un círculo partido en dos: 1. Arco externo: subconsciente (pleromático, urobórico, tifónico) que comparte las etapas de conciencia del Yo (egoica, mental). 2. Arco interno, desde la conciencia del Yo pasará a la supra-conciencia (sutil, causal, última). Esta supra-conciencia implica la experiencia, el conocimiento y la tradición de lo espiritual. De modo que para Freud cualquier estado alterado de conciencia dentro de sus cánones o censos era debido a una regresión a los estados primarios, por lo que los mismos estados supra-conscientes los califica de regresivos.[12]

Regresar al Edén sin regresión significa volver a nuestros orígenes, pero de modo consciente, lúcido, sabiendo de dónde venimos, hasta dónde hemos llegado y cómo regresar, lo que exige un trabajo de auto-conciencia, trabajo que siempre fue tenido en cuenta por los sabios guías de la humanidad.

---

12   El símbolo uróboro de la serpiente para S. Freud representa lo regresivo, mientras que para Ken Wilber representa un ciclo completo de desarrollo de la conciencia.

De Lucifer a Cristo

Para el gnóstico, que concibe toda la realidad del mundo y de sí mismo como resultado de su propia conciencia, resulta evidente que el vínculo entre Lucifer y Cristo existe. Extraordinaria es la explicación del Maestro Samael en su libro *Doctrina secreta de Anahuac* sobre Quetzalcóatl y su hermano gemelo Xólotl, las dos figuras que forman una serpiente uróbora, en la que las dos cabezas de los gemelos se encuentran cara a cara cerrando el famoso calendario azteca. «*Quetzalcóatl representa al Cristo y su energía centrípeta, mientras que su hermano gemelo Xólotl representa a Lucifer y la energía centrífuga; entre ellos hay una hermandad y a la vez una lucha entre luz y tinieblas, lucha representada en el cristianismo por San Miguel y Lucifer, o San Jorge y el dragón, y desde aquí podemos ir de un lugar a otro del mundo reconociendo esa siempre presente lucha entre luz y tinieblas*».

Respecto a esa visión gnóstica, donde se plantea el regreso y conciliación de los opuestos, nos dice el Maestro Samael:

«*Incuestionablemente, el divino Daimón es la reflexión de Dios dentro de nosotros mismos, aquí y ahora, y puede conferirnos el poder, la sabiduría y la igualdad divina: 'Eritris sicut dei'. 'Seréis como Dioses'. La Piedra Filosofal, Lucifer-Xolotl subyace en el fondo mismo de nuestros órganos sexuales y tiene que reconciliar a los contrarios, 'Coincidentia oppositorum', y a los hermanos enemigos*».

La reconciliación entre los opuestos complementarios es imprescindible. La alquimia y el *tantra* son instrumentos que nos descubrirán el origen sexual de todas las religiones, cosa que supo ver S. Freud.

Lucifer nos impulsa hacia la independencia, hacia la libertad, hacia la autonomía de «uno mismo». Pero, siendo solo el representante de lo centrífugo, su valía queda a mitad de camino. Jesús es tentado por Satán-Lucifer en el desierto y en pleno ayuno de cuarenta días, lo que equivale a enfrentarse a una crisis extrema; en la tercera tentación Lucifer le ofrece que lo adore para concederle todo lo que su vista alcanza. Lucifer domina todo el mundo exterior, pero Jesucristo, como un hermano mayor que trasciende el simple impulso centrífugo, rechaza la tentación pues, como una nueva luz para el mundo del «sí mismo», sabe que para salir del desierto o crisis hay que introducirse en el arco interior para iniciar el camino hacia una supraconciencia o conciencia integral; Cristo se impulsa con la energía centrípeta para proseguir en su glorificación como «Hijo del Hombre» que pasará a convertirse en «hijo de Dios», en la suprema reconciliación entre lo exterior y lo interior, entre lo centrífugo y lo centrípeto, obteniendo así la completitud del ser.

Capítulo 4.

Tras el velo de Isis

Dice Plutarco en *Isis y Osiris*: «En Sais, la estatua de Atenea sentada, a la que también consideran Isis, tenía una inscripción así: 'Yo soy todo lo que ha sido, lo que es y lo que será, y mi velo jamás me lo levantó ningún mortal'».

El lenguaje mistérico e iniciático de la antigüedad se refiere a todo lo concerniente a los estados superiores de conciencia como si de una muerte se tratara. Así, las órdenes mistéricas de Occidente han continuado con este lenguaje, de manera que las iniciaciones a estados superiores de conciencia se vinculaban con la muerte del propio iniciado, el cual reviviría o resucitaría en un nuevo ser tras las pruebas a las que era sometido, pruebas con las que debía demostrar su valor y dejar atrás sus miedos y temores. Entonces las pruebas iniciáticas eran —y aún son— teatralizadas, ante cámaras funerarias o entre pasadizos subterráneos. Esto recuerda a la época mítica, donde gran parte de las enseñanzas vinculadas a las divinidades se teatralizaban.

Por ello a la diosa Isis ningún mortal le levantó el velo. Este velo es un velo de la ignorancia, ignorancia sobre «uno mismo», puesto que la madre Isis, el padre Osiris y su hijo Horus son arquetipos de nuestro ser. Se consideraba —y se considera— que el miedo es el «guardián del umbral» de los misterios, pues el miedo no te permite indagar en la sombra o lo que ocultamos en nosotros mismos; de ahí la necesidad de las pruebas y de vencer los miedos.

Actualmente ¿quién reconoce a esos dioses como arquetipos? ¿quién puede desvelar el completo misterio del ser sin confundirse, sin perderse en un laberinto de confusiones, desórdenes, caos? Desde el «Círculo de Eranos»[13] se investigó la realidad de la psiquis humana. En este círculo se impulsó el conocimiento sobre los arquetipos, los mitos, en busca de esa completitud de «uno mismo», a la que C.G. Jung llamo «individuación».

En la actualidad deberían realizarse esfuerzos interdisciplinares semejantes para seguir completando la investigación; Ken Wilber y su equipo trabajan por activar la conciencia integral, igual que lo hicieron algunos gnósticos siempre autodidactas.

Tras el «velo de Isis» hoy debemos afrontar los estados superiores de conciencia de forma abierta, integral, puesto que tenemos abundante documentación como para apoyarnos en la filosofía, la psicología, el arte y la mística. Sin temor hay que afrontar e indagar sobre los estados sutiles, causales, psíquicos, espirituales, de nuestra conciencia. Los que afrontaron los misterios de «sí mismos» en el antiguo Egipto, Grecia, etc. usaron sus medios, que estaban condicionados por la etapa mítica, un estado de soñador (en la época mítica se vive el soñar, esto es que nuestros sedimentos psíquicos afloran como emociones e imágenes. Así los arquetipos cumplen su misión de mantenernos conectados con una realidad subyacente). El soñador se diferencia del sueño, se ve entre las imágenes oníricas sintiéndose actor, ya sea como primera o segunda persona, pues en nuestros sueños podemos vernos actuando o sintiéndonos actuando, sin que se defina con claridad la identidad del «yo» y su entorno. Por

---

13   Impulsado por C.G. Jung, con la participación de los mitólogos K. Kerényi, W. Otto y J. Campbell; los simbólogos M. Eliade, J. Layard y G. Durand; los psicólogos E. Neumann, M. L. von Franz y J. Hillman; el biólogo A. Portmann; el físico E. Schrödinger; el esteta H. Read; los orientalistas H. Zimmer, H. Wilhelm, G. Scholen, P. Masson-Oursel, H. Corbin, D. T. Suzuki y H. Kawai; el fenomenólogo G. van der Leeuw, el historiador de la religión E. O. James, y los hermeneutas M. Porkert y V. Zuckerkandl.

ello en el proceso de la conciencia mítica venimos a vivir el mito de Narciso, esto es, a reconocernos y afirmarnos como individuos que dicen «estoy aquí ante el Todo».

¿Cómo afrontamos hoy los estados superiores de conciencia? ¿Cómo podemos descubrir el velo de Isis? Hay iniciativas como la formada por el biólogo Francisco Valera (1946-2001) y su equipo, quienes escribieron junto con Tenzin Gyatso, el actual Dalai Lama, el libro *Dormir, soñar, morir*, un diálogo histórico entre importantes científicos occidentales y el Dalai Lama sobre el dormir, los sueños y la muerte, tres aspectos y momentos clave de nuestras vidas. Estas iniciativas son muy beneficiosas para gestar la conciencia integral, abrirse a lo mundicéntrico y compartir la sabiduría.

Hoy en día las ordenes místicas occidentales de antaño ya no son adecuadas: masones, martinistas, rosacruces, templarios, cataros, albigenses, etc. Estas órdenes mantuvieron la tradición ancestral y cumplieron con su misión de transmitir las enseñanzas ocultas o esotéricas no permitidas en su tiempo. Gracias a ellas se mantuvieron prácticas y conocimientos herméticos que facilitaban los estados de supraconciencia. Una de estas órdenes místicas, la O.T.O (Orden del Templo de Oriente), impulsada y dirigida por Carl Kellner, Franz Hartmann, Theodor Reuss y Aleister Crowley, indagó e intentó restaurar los misterios sexuales de la alquimia y el *tantra*, misterios que en Occidente estaban perdidos. Pero con tesón y audacia, y volviendo a las fuentes de Oriente consiguieron revivir los viejos misterios y transmitirlos. Llegó esta enseñanza mística al doctor y coronel Arnoldo Krumm-Heller (1876-1949), maestro huiracocha, que creó en América la F.R.A. (Federación Rosacruz Antigua), y este legado llegó al Maestro Samael, quien renovó toda la tradición a sabiendas de que comenzaba una nueva era. Mientras el movimiento «hippy» buscaba una revolución sexual y el misticismo de la India florecía, el Maestro Samael buscó los misterios en ambos lados, Occidente y Oriente y, conocedor de la clave regia del *tantra* y la alquimia, lo dio a conocer públicamente, lo que le valió muchos enfrentamientos entre los esoteristas y ocultistas de su tiempo. Pero sin duda el Maestro Samael, como buen gnóstico autodidacta, acertó en desvelar lo que ya era inevitable: el descubrimiento del *tantra* oriental para los occidentales.

La historia del *tantra* y la alquimia es laberíntica, pues tales enseñanzas se consideraban herméticas, incluso relacionadas con lo tenebroso, de tal forma que siempre fueron ocultadas al gran público, empleándose un lenguaje enigmático como el de los alquimistas medievales. En tal historia resulta de gran interés la investigación del profesor y filósofo Ignacio Gomez de Liaño (1946), plasmada en sus libros *Círculo de la sabiduría I y II*, y otros textos suyos que muestran cómo la enseñanza del *tantra* y de la alquimia de los gnósticos cristianos de los primeros siglos de nuestra era influenciaron el surgimiento de las escuelas tántricas hindúes, que irían emergiendo a partir del siglo III.

Integración de los estados de conciencia

Isis es nuestra madre, dadora de amor y sabiduría; ella es la misma Virgen María, ella es el fuego Kundalini. Por medio de ella podemos subir nuestros fuegos por la columna vertebral, uniendo el chacra Muladhara de nuestro coxis con el chacra Sahasrara situado sobre nuestra cabeza. Hoy en día innumerables centros o escuelas de meditación, yoga, budismo y *tantra*, nos pueden mostrar las enseñanzas del *tantra*, la alquimia y la Kundalini. En la actualidad no hay ningún misterio escondido; todo está develado, cualquiera, esté «preparado o no», puede recibir las enseñanzas que siempre fueron secretas, herméticas, enseñanzas a las que en el pasado solo accedían algunos tras largos periodos de preparación (estamos hablando de años) y numerosas pruebas iniciáticas (algunas de ellas con gran riesgo para su propia vida). Es evidente que estas enseñanzas sobre el *tantra*-alquimia se han vulgarizado demasiado en estos tiempos.

O se aprovechan y se revalorizan estas enseñanzas de *tantra*-alquimia por el bien propio y común como herramientas potentes para el despertar de nuestra conciencia, o nos veremos abocados a perder nuestras últimas oportunidades de superar la crisis actual con todas sus lamentables y amargas consecuencias.

Isis, o la Kundalini, o la «serpiente de mágicos poderes», nos pueden servir como una gran instrumento para descubrir qué hay más allá del velo de Isis; aquello que nos está velado es nuestro propio presente y origen. Esto es descubrir cómo hemos ido formando nuestro «yo» y en qué medida nuestra conciencia se ha percatado de ello. Debemos ver en qué medida somos conscientes de nuestro «yo» y sus estados de conciencia, debemos ver al «Hijo del Hombre» en nosotros, ver cómo nos hemos formado y reconocer nuestro «Yo Soy». En cierto modo el nacimiento del Hijo del Hombre se gesta en la matriz de la Virgen María, pues principio-pureza-origen van con el Hijo del Hombre, que es el presente de toda su formación o creación.

Al levantar el velo de Isis veremos la conciencia integral, asumiendo y trascendiendo todos los demás estados anteriores: mental, mítico, mágico y arcaico, y reconociendo el estado de vigilia, el sueño y el sueño profundo. Todo intento de regresar a los estados precedentes sin una conciencia integral, es decir diáfana, vacía, no dual, supondría caer en una regresión, recaer en lo inconsciente. No se trata de caer en un escepticismo materialista ante lo mítico o lo mágico, sino de conocer sus efectos y su contribución a la formación de nuestra conciencia; este conocimiento no estriba solo en reconocer los estados, sino en hacer un registro y verificación de sus procesos y mutaciones, vividos en nuestra formación como seres humanos. Por tanto, debemos observar nuestro estado de vigilia, nuestros sueños, y el propio sueño sin sueños, con la mayor claridad y atención posibles, sin prejuicios, sin preconceptos, de forma contemplativa, abierta y disponible a que todo lo vivido y asumido por nuestra conciencia nos sea útil para integrarnos con el origen, donde la intuición será nuestra mejor capacidad cognitiva. Decía Arthur Schopenhauer (1788-1860) que la *«intuición es la cosa en sí»*, lo que significa un reconocimiento pleno de la cosa en sí, en este caso de «nosotros mismos». La polividencia que se produce en nuestro chacra Sahasrara es la intuición, que ya hemos descrito como «percepción instintiva de las verdades cósmicas sin el proceso deprimente de la opción conceptual». Los límites del «yo» mental son sus conceptos, raciocinios, teorías y especulaciones, que son útiles dentro de su marco funcional, pero que ya es sabido que no pueden dar respuesta ni solución a sus propios condicionamientos. Nuestra percepción en la época arcaica era instintiva, conectada al chacra Muladhara; sin embargo, no existía conciencia del «sí», del «ser». Para alcanzar la conciencia del «sí», hay que unir por nuestro canal medular, mediante el Kundalini, los chacras Muladhara y Sahasrara; he ahí la importancia de las enseñanzas de Isis y su *tantra*-alquimia.

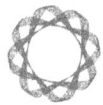

Capítulo 5.
La Serpiente de Fuego

Ken Wilber propone una «matriz de la práctica vital integral», donde es imprescindible la práctica sobre el cuerpo, la mente, el espíritu y la sombra; y, como prácticas auxiliares, la ética, el sexo, el trabajo, las emociones y las relaciones. Las prácticas pueden ser de diferentes escuelas o líneas; la cuestión es que se requiere un camino lo mejor adaptado posible a la conciencia integral.

Bajo mi punto de vista, al trabajo esencial sobre «cuerpo, mente, espíritu, sombra» hay que añadir el de la «sombra», pues hoy en día son tantas las escuelas seudo-espirituales que buscan evadirse de la realidad de uno mismo que ciertamente es necesario incluir el trabajo con la sombra. La sombra es aquello que no queremos reconocer en nosotros mismos; es, como dice el Maestro Samael, «el lado oculto de nuestra luna psicológica». Si no trabajamos con nuestra sombra, el trabajo íntimo quedará a medias, a mitad de camino. Por ello resulta interesante toda la tradición hermética, empezando por los gnósticos clásicos, a quienes siempre se les acusó de adoradores del demonio, como les sucedió a los templarios. Trabajar con Lucifer es trabajar con el «hacedor de luz», pues de las tinieblas se debe sacar luz: «*1:5 La luz en las tinieblas resplandece, y las tinieblas no prevalecieron contra ella*». (Evangelio de Juan).

Los trabajos auxiliares que propone Ken Wilber también son sumamente importantes, en especial el trabajo con el sexo, con el tantra-alquimia. En Occidente hay poca experiencia sobre ello. Para los orientales, practicar el *tantra* superior o sexual nos puede convertir en dioses en una sola vida; y para alquimistas como Fulcanelli, Filaleteo, Basilio Valentín de Occidente, la alquimia sexual otorgaba la conquista de la «piedra filosofal» o el «elixir de larga vida». Por tanto, el trabajo en la suprasexualidad no es cosa menor. Aquellos que accedían a tales prácticas eran advertidos y preparados concienzudamente, pues quien no sabía o no estaba preparado para obtener un buen resultado en el *tantra*-alquimia «caería en desgracia». Tanto es así que los maestros del *tantra* del viejo Tíbet advertían a los candidatos diciéndoles que en este camino o trabajo uno podía terminar en la cárcel, loco o muerto. Por tanto, no hay que desprestigiar ni vulgarizar las enseñanzas del *tantra*-alquimia.

No podemos en este texto explicar todo el contenido de las enseñanzas del *tantra*-alquimia; hay mucha información accesible hoy en día al respecto. Ahora solo pretendemos señalar su importancia e indicar su finalidad. Su importancia reside en el hecho de que todos nuestros orígenes, creación y formación, están vinculados al poder de la vida, es decir, al sexo. Quien comprende la naturaleza física, psíquica y espiritual del sexo ya ha logrado una buena comprensión; tal comprensión deberá ir acompañada de un buen nivel de ser; desde el color naranja hacia arriba:

5. Naranja: racional, mundicéntrico, pragmático, moderno
6. Verde: pluralista, multicultural, postmoderno
7. Esmeralda: comienzo de la mente integral, visión-lógica inferior, sistémica
8. Turquesa: mente global, visión-lógica tardía, mente superior
9. Añil: para-mente, mente transglobal, mente iluminada
10. Violeta: metamente y sobremente

Hay necesidad de un buen nivel de ser, como mínimo el nivel de «buen dueño de casa», como decía el Maestro Samael, porque la alquimia-*tantra* nos servirá para disolver el deseo egoísta, la sombra, el lado oculto de nuestra luna psicológica; la finalidad es trascender los apegos y limitaciones materiales, conceptuales, emocionales o psíquicos, y trascenderlos para que todo sea integrado en el vacío, en la «no dualidad», y alojado en el espíritu puro y original. Este es el paso de la serpiente de fuego, o Kundalini, del chacra Muladhara al Sahasrara; esto es pasar de lo instintivo-material a la pura-luz-espiritual o suprema comprensión.

Este trabajo con «*la Piedra Filosofal, Lucifer-Xolotl, subyace en el fondo mismo de nuestros órganos sexuales y tiene que reconciliar a los contrarios, 'Coincidentia oppositorum', y a los hermanos enemigos*». Esto es conciliar al Quetzalcóatl y a Xolotl, o a Cristo y Lucifer. Esto es materia y espíritu. Lo centrífugo y lo centrípeto deben formar un perfecto equilibrio y armonía para poder comprender el fondo de todo nuestro misterio. Por ello dijo Jesucristo: «*3:14 Y como Moisés levantó la serpiente en el desierto, así es necesario que el Hijo del Hombre sea levantado*» (Evangelio de Juan). Debemos considerar que las enseñanzas del tantra-alquimia fueron un punto clave para las doctrinas gnósticas cristianas en los primeros siglos del cristianismo, cuando los cristianos empezaron a ser perseguidos y huyeron hacia Oriente y la India; allí influyeron en que las escuelas de tantra se activaran. A posteriori, en el siglo VII, el *tantra* hindú fuese llevado al Tíbet por Padmasambhava. Los «bompos» (practicantes de la espiritualidad autóctona del Tíbet) ya conocían los secretos de la fuerza sexual, aunque era necesaria una renovación que Padmasambhava aportó.

La materia y el espíritu, Lucifer y Cristo, siempre estuvieron en conflicto, sobre todo en nuestra época mental; en esta época la dualidad separatista ha llevado a los opuestos a los extremos y por tanto no hay reconciliación. La crisis de nuestra época está llevando a un conflicto que daña cualquier intento de reconciliación, siendo lamentable que muchos vean el *tantra* como un simple juego placentero. Si Ken Wilber ve la moda del budismo, a la que llama «budismo boomeritis», como una evidencia de la superficialidad con que se toma al propio budismo, de un modo aún peor se trata al *tantra*-alquimia. Si bien toda crisis es una oportunidad para superarse, también es cierto que la crisis debe conllevar un verdadero cambio, una auténtica transformación, y en lo concerniente a lo espiritual bastaría con el que se tuviera paciencia y dedicación. Pensemos que toda nuestra Historia, evolución o desarrollo, con todas las mutaciones o transmutaciones que han formado al Hijo del Hombre, constituyen un proceso que nos debe llevar a una conciencia integral, donde el tiempo cronológico deberá ser trascendido por lo atemporal, y donde la perspectiva mental-dual lo será por una «aperspectiva», un estado diáfano, capaz de integrarlo e incluirlo todo. Esta inclusión o integración es una evocación y alegato a la conciencia-amor.

En marzo de 2018 escribí un artículo que resume la transmutación del Hijo del Hombre en Hijo de Dios. Si quieres leerlo puedes descargártelo con ayuda de este bidi:

Capítulo 6.
Regreso al origen

Comprender el génesis, nuestro origen, aquello que llamamos Edén o Paraíso, no es fácil o accesible para aquellos que desconocen el lenguaje alquimista. Para los últimos alquimistas como el Maestro Samael, Arnoldo Krumm-Heller y Fulcanelli, o los antiguos alquimistas como Filaleteo, Basilio Valentín y Ramón Llull, el lenguaje simbólico y los propios símbolos tienen para nuestra psiquis diferentes significados, su propia vida, según nuestros arquetipos internos se muevan o remuevan en ese proceso de regreso hacia nuestro origen primordial. El *Génesis* bíblico es en sí un libro de pura alquimia. En los primeros tiempos siempre hubo gente que vivió su gestación y formación como «Hijos del Hombre» de modo consciente; estos hombres eran del linaje de Set, hijo de Adán y Eva, por lo que siempre existió un linaje de seres que transmitieron los secretos alquímicos. Es recomendable leer el libro del profesor José Antonio Antón Pacheco, *El hermetismo cristiano y las transformaciones del logos*, en el que el autor comenta las conexiones entre el hermetismo y el pre-cristianismo, pasando por el Renacimiento. Por tanto, siempre hubo seres conscientes de su presente y su origen, mientras otros, la gran mayoría, se extraviaron olvidando sus orígenes, por lo que también andan perdidos en el presente, porque quien no conoce de dónde viene, tampoco sabe hacia dónde va. Los perdidos son los que cayeron en el «pecado original», tentados por la serpiente.

El pecado original se convierte en un enigma insoluble para quienes desconocen la alquimia-*tantra*. Para los no iniciados en la ciencia de Hermes y su alquimia, es común ver y caer en una visión moral y simplista al referirse al pecado original y la salida del Paraíso. Lo edénico, lo paradisíaco, siempre hace referencia a lo sexual. Comimos la manzana del árbol del conocimiento, o del bien y del mal, y caímos en desgracia, perdimos la inocencia y la pureza, y la vergüenza cayó sobre nosotros, que tuvimos que tapar nuestros órganos sexuales. Si solo alcanzamos a ver un mero pecado carnal del cual avergonzarnos sin comprender qué fue lo que realmente nos alejó del Paraíso y su pureza, entonces esto significa que en vez de ser del linaje de Set somos del linaje de Caín. La alquimia-*tantra* es la ciencia que debe restituir en nosotros el Paraíso, la pureza, el origen del cual surgimos, siendo tal restitución un encuentro entre origen y presente, dejando atrás nuestro extravío.

Al salir del Edén fuimos impulsados por la energía centrífuga que nos fue sacando de nuestro centro, de nuestro origen, de nuestra pureza esencial y primordial; eso supuso que fuéramos saliendo cada vez más de la unidad para caer en una dualidad. Debemos considerar lo dicho en el *Génesis*, cuando en la época arcaica-mágica se pierde el androginismo y se forma la dualidad masculino-femenino, o solar y lunar. Los dos polos de la Creación se dividen cayendo en un sueño; esto es semejante a lo que le acaeció a Brahama cuando creó a la diosa Maya para tener compañía y la diosa creó este mundo ilusorio. Recordemos ahora:

«Y Jehová Dios hizo caer sueño sobre Adam, y se quedó dormido: entonces tomó una de sus costillas, y cerró la carne en su lugar; y de la costilla que Jehová Dios tomó del hombre, hizo una mujer, y trájola al hombre». (Génesis 2:21-22)

El sueño de Adán es semejante al sueño creado por la diosa Maya; el mundo de Maya es el mundo de la ilusión, es el mundo del deseo. En el *Génesis* cristiano-hebreo, Eva es como la diosa Maya. La dualidad del génesis creador nos sumió en el sueño de la conciencia respecto a nuestro origen. Al pasar de la época arcaica y su «Uno en el Todo», a la época mágica y su «Uno junto al Todo», ese Uno ya junto al Todo se distingue del Todo-original, creándose la dualidad, que cada vez fue mayor en la medida en que nuestro «yo» se fue formando. La dualidad separó lo interior y lo exterior, lo de arriba y lo de abajo, lo superior e inferior. Por ello la dualidad es en sí el sueño de la conciencia, el sueño o mundo de Maya o ilusión, que es el mundo del deseo. El deseo es una creación propia de nuestro «yo», el deseo es nuestro particular mundo, aquel que hemos creado. Este mismo «yo» en su dualidad se fue alejando cada vez más de sus orígenes, queriendo legitimar su origen en la época mítica con su historia escrita, con sus libros sagrados; tal historia escrita es una interpretación paralela a la realidad de un origen siempre presente.

Salir del sueño de la conciencia dividida —esto es, una conciencia separada de su origen— solo es posible retornando a la unidad primordial, o unidad no dual, siendo la causa de la separación o división esa lucha polar entre lo centrífugo y lo centrípeto. Aquellos que siguen el linaje de Caín son impelidos por la energía centrífuga. En *Levíticos* 15 se dice al respecto:

«Habló Jehová a Moisés y a Aarón, diciendo:

[2] *Hablad a los hijos de Israel y decidles: 'Cualquier varón, cuando tuviere flujo de semen, será inmundo'».*

En la medida en que somos impelidos por la energía centrífuga, nuestra atención se desplaza hacia el mundo externo, hacia la periferia, quedando el mundo interno desamparado en la inconciencia, pues una conciencia dual cae en una continua separatividad, dividiendo todos los aspectos de la vida, que quedan cada vez más alejados del centro, de la unidad y el amor. Son pocas las citas que se encuentran entre los alquimistas respecto al «secreto de los secretos», que se refiere a la clave suprema de la alquimia sexual. Aquí va una de ellas: «*El médico Jan Baptista van Helmont (alumno de Paracelso) a principios del siglo XVII: 'Si el semen no es emitido, se transforma en una fuerza espiritual, que preserva su capacidad de producir esperma y vigorizar el aliento y la palabra'*».[14] Tampoco son muchas las citas que en Oriente y sobre el *tantra* se dan respecto al uso de la energía sexual, pues hay que considerar que una vez se desvele este misterio supremo ya no habrá herramienta más potente para conseguir el propósito último de la alquimia-*tantra*, por lo que siempre se procuró mantenerlo en secreto y transmitirlo solo a aquellos que verdaderamente dieran un buen uso a la que es considerada la más potente y mejor herramienta espiritual; en caso de no saber aprovechar tal clave se perdería la mejor de las oportunidades para lograr el reencuentro con la «unidad no dual». La siguiente entrevista al actual Dalai Lama es muy reveladora al respecto:

«*P.- ¿Se requiere del celibato para alcanzar la Iluminación?*

»*R.- Pienso que generalmente no. Entonces usted debe preguntar por qué el propio Buda eventualmente se convirtió en monje. Creo, desde el punto de vista del «Viniya Sutra», que el propósito principal del celibato consiste en tratar de reducir el deseo y el apego.*

»*Desde el punto de vista del Tantrayana, particularmente el más alto Yoga Tantrayana, la energía, 'secreciones', o el goce especial, es la fuente de energía utilizada para disolver el nivel grosero de la conciencia o el nivel grosero de la energía. A través de la experiencia de ese goce especial existe la posibilidad de que el nivel grosero sea eventualmente disuelto. Así que las secreciones son el factor clave para el goce.*

---

14   Cita de *Eros and Magic in the Renaissance*, de Ioan P. Couliano.

»En el budismo tibetano, especialmente si usted observa la iconografía de las deidades y sus consortes, puede ver un montón de simbolismo muy explícitamente sexual que a menudo causa una impresión equivocada. En este caso el órgano sexual es utilizado, pero el movimiento de la energía que tiene lugar es finalmente completamente controlado. La energía nunca debe dejarse salir. Esta energía debe ser controlada y eventualmente regresada hacia otras partes del cuerpo. Lo que se requiere para el practicante de tantra es desarrollar la capacidad para utilizar las facultades propias del gozo y experiencia extática que son específicamente generadas a través del flujo de los fluidos regenerativos dentro de los canales de energía propios. Es crucial tener la capacidad de protegerse uno mismo del error de la emisión. No se trata justamente de un acto de pura sexualidad ordinaria.

»Y aquí podemos ver que existe una clase de conexión especial con el celibato. Especialmente en la práctica del Kalachakra Tantra, este precepto de protegerse a uno mismo de la emisión de la energía es considerado muy importante. La literatura Kalachakra menciona tres tipos de experiencia gozosa:
- Una es la experiencia gozosa inducida por el flujo de energía
- otra es la inmutable experiencia gozosa
- y otra es la experiencia gozosa mutable.

»Para mí, cuando Buda tomó el voto de celibato, a ese nivel no explicó las razones que existían detrás de esa regla o disciplina. La explicación completa llega cuando conocemos el sistema Tantrayana. Quizás esto responda a su pregunta. ¡Así, creo que la respuesta es ambas: ¡Sí y No!

»P.- La respuesta que usted ha dado sobre la necesidad del celibato y el uso del goce y la no-emisión vino desde el *punto de vista del hombre. ¿Por qué nunca se menciona el aspecto de la mujer en estas prácticas? ¿Qué necesita hacer con su energía una mujer para conseguir la Iluminación a través del goce?*

»R.- Es la misma técnica y el mismo principio. De acuerdo a algunos de mis amigos indios, los practicantes del Tantrayana Hindú también realizan la práctica de Kundalini y Chandralini. Mi información es que la mujer también tiene alguna clase de energía, secreciones. Así que es el mismo método».[15]

Podemos decir que cualquier referencia a la conciencia y a la energía tiene su vínculo en la alquimia-*tantra* con toda su ciencia y práctica. En la actualidad, para los buscadores de la espiritualidad occidental ya no resulta ningún secreto el misterio alquimista-*tantra*; cualquier persona con inquietud puede informarse al respecto, esté preparada o no para tal ciencia y práctica. Resulta curioso que el Maestro Samael fuese encarcelado en la década de los 40 del siglo pasado por divulgar abiertamente esta clave suprema de la alquimia-tantra, mientras que ahora nos encontramos ante dos opciones: o desperdiciamos y degeneramos estas doctrinas, lo que ya está sucediendo, o las aprovechamos adecuadamente para nuestro beneficio y liberación.

Si hay que levantar al Hijo del Hombre, como la serpiente se levantó sobre la vara de Moisés, entonces hay que entender que la serpiente Kundalini debe unificar con su fuego interno el chacra Muladhara situado en la parte inferior de nuestra columna vertebral y el chacra Sahasrara situado sobre nuestra cabeza. Muladhara es el chacra fundamental unido a lo instintivo y arcaico, mientras que el chacra Sahas-

---

[15] Libro *The Power of Compassion*. Preguntas y respuestas al Dalai Lama.

rara es la luz del espíritu que alumbra a todos los sabios y místicos de Oriente y Occidente sobre sus cabezas. Se trata de unir lo de abajo con lo de arriba, el instinto material con la sabiduría primordial, el origen y el presente, la conciencia arcaica con la conciencia integral, lo exterior con lo interior. Para ello hay que saber utilizar y comprender lo que es la energía centrifuga y centrípeta; en ello reside toda la ciencia hermética de la alquimia-tantra.

La conciencia integral es la conciencia que debemos asumir, integrando todas nuestras etapas anteriores a la vez que las trascendemos, de modo que todo nuestro recorrido por la experiencia humana se convierta en un nuevo foco de luz para el resto de la humanidad. Todas las aportaciones para obtener el despertar de la conciencia son válidas; por ello suele decirse que todos los caminos son válidos. Pero hay que reconocer que todos los caminos llevan a un solo camino, el camino que reconocerá el «Yo Soy», es decir, el camino que nos lleva a reconocer nuestro ser en su plenitud desde sus orígenes hasta el presente.

Agradecimientos

Agradezco a mi esposa Begoña, que me ha acompañado desde el primer momento en todo mi camino; ella ha sido mi maestra en diferentes aspectos de mi vida.

Agradezco a mi hijo y a mi hermano, así como a mis padres, todo lo que me han aportado, mientras yo andaba sumergido en mi trabajo de investigación y meditación.

Agradezco a todos los profesionales, maestros e investigadores de la conciencia todos los aportes hechos para bien de la humanidad.

Bibliografía

- Jean Gebser. *Origen y presente*
- Ken Wilber. *Conciencia sin fronteras - Un dios sociable - Proyecto Atman - Espiritualidad integral - Los tres ojos del conocimiento - El cuarto giro*
- Rudolf Steiner. *Filosofía de la libertad - Coloquios pedagógicos - Antroposofía*
- Maestro Eckhart. *El fruto de la nada - Tratados y sermones*
- Samael Aun Weor. *Alquimia sexual - El misterio del áureo florecer - Psicología revolucionaria*
- Sri Aurobindo. *Yoga integral*
- Swami Sivananda. *Senda divina - Filosofía del sueño - Kundalini Yoga*
- Dalai Lama Tenzin Gyasto. *Dzogchen el camino de la gran perfección*
- Francisco J. Rubia. *El cerebro espiritual - Conexión divina: La experiencia mística y la neurobiología*
- Helena Blavatsky. *La voz del silencio - La doctrina secreta - Isis sin velo*
- Tomás de Kempis. *La imitación de Cristo*
- San Juan de la Cruz. *Subida del monte Carmelo - Noche oscura*
- Pierre Teilhard de Chardin. *El fenómeno humano*
- Víctor Manuel Chávez. *Cultura gnóstica tolteca*
- Carl Gustav Jung. *Tipos psicológicos - Los arquetipos y el inconsciente colectivo - Sincronicidad como principio de conexiones acausales*
- Joseph Campbell. *Las máscaras de Dios*

- Erich S. Fromm y el Teitaro Suzuki. *Budismos zen y psicoanálisis*
- Alan Watts. *Psicoterapia del Este, psicoterapia del Oeste*
- Jiddu Krishnamurti. *El individuo la sociedad y la paz - El arte de saber vivir*
- Francisco Valera. *Dormir, soñar, morir – De cuerpo presente*
- Ignacio Gomez de Liaño. *Círculo de la sabiduría I y II*
- José Antonio Antón Pacheco. *El hermetismo cristiano y las transformaciones del logos*

Rafael Pavía

Desde su temprana juventud practicó la meditación, indagando en las técnicas de meditación occidental y oriental y accediendo a las etapas cumbre de estas técnicas como la contemplación, tanto en su aspecto pasivo como dinámico.

Con más de 35 años de experiencia, ha formado centros de meditación en Valencia, Alcira, Gandía, Victoria, dentro de España. En el continente americano ha sido director del centro de meditación de la Plata Argentina y de los Ángeles, Chile. Ha ofrecido retiros espirituales en todas las ciudades mencionadas y también en México (Durango, Tula). También ha dirigido e impartido cursos de meditación intensivos de tres meses en Tolosa y Valencia, España y en Albany, Nueva York.

Actualmente trabaja en el despertar de la conciencia, enfocando tal despertar en el encuentro con nuestro «origen primordial» y con el advenimiento de la conciencia integral de la humanidad.

www.ingramcontent.com/pod-product-compliance
Ingram Content Group UK Ltd.
Pitfield, Milton Keynes, MK11 3LW, UK
UKHW022215230426
12048UKWH00016BA/851